水野真紀●

きょうも女優ごはん

集英社be《ビイ》文庫

家庭料理に正解はない…と思う

「料理上手なミズノマキ」が世間を闊歩《かっぽ》してしまっているようです。今回、この困ったミズノの傍若無人振りを制止するべく、私、本当の水野真紀が立ち上がることになりました。

だって、本当の水野ときたら、料理上手でも何でもないのです。台所に立って、ダーラダラと体に良さそうなモノを作っているのが好きなだけなんです。

なのに何故、偽のミズノが生まれてしまったのか？　その発端は2000年の4月から読売新聞に連載された「キッチン　あ・ら・かると」にあるようです。学生の頃、読書感想文を書くのに〝あとがき〟を丸写ししていたようなオンナに原稿書かせ、料理のレシピを誰の助けも借りずに考えさせるという、無謀にも思えるこの企画、意外にも好評を博し、半年間の連載予定が1年半に延長されたほどでした。連載を終えて1年半、このたび「キッチン　あ・ら・かると」が甦ることになりました。新たなレシピ、書き下ろしたエッセイも加わり、料理人生(!?)が始まってからの3年間をじっくり、ゆっくり覗《のぞ》いていただけると思います。

ただ、ひとつご了承いただきたいのは、構成の都合上、エッセイの順番が連載と違い、ランダムになっています。連載は、その時の自分の心境や感じたことを切り取るように書いたもので、加筆するに忍び難く、若干の修正を加えただけになっています。それを踏まえたうえで読み進んでいただけると幸いです。

いままで、お菓子作りの本を3冊上梓いたしましたが、料理レシピ作りの難しいところ、そして面白いところは「素材」の状態、調理の「加減」によって仕上がりが変化してしまうところだと思います。どんなに正確に計量しても、例えば、使うみその銘柄によって微妙に味つけが違い、ちょっとした火加減によって、硬かったり、柔らかかったり――。

お菓子作りもそうですが、写真そっくりにできなくても〝失敗〟なんて思わないでください。私自身、「家庭料理に正解はない」をモットーに、日々、キッチンで〝実験〟を繰り返しています。プロの目から見たら粗っぽいところも、たくさんあると思います。でも、「いい加減」な気持ちではない「良い加減」で、これからも料理とつき合って行けるとよいナ、と感じています。そして、私のエッセイ、レシピが、あなたの今日の元気のお役に立てたら、これ以上の幸福はありません。

目　次

PART・4

美も健康も快食から ごはんの友

PART・5

美肌力をつける 廉価でキレイ

PART*1

肌と体イキイキ アイデアサラダ

イキのいい野菜や魚って、
それだけでじゅわ～っと
全身が潤うような感じがします。
素材の滋味そのままを
たっぷりいただきます。

高カロリーとわかっていてもやめられない！

朝起きて一番にすること――。それは鏡を見ることです。なんて言うとナルシストっぽく聞こえますが、なんのことはない、ベッドの横に大っき～い三面鏡があるものだから嫌でも目に入っていい、いい、しまうのです。

朝、鏡に向かうと、いろんなことが見えてきます。顔のムクミに自己管理力のなさを嘆き（私の場合、飲み過ぎならぬ食べ過ぎなのだけれど）、疲れている時は、〝笑う門には福来たる〟とばかりに下がりきった口角を、エイッと気合を入れて上げたりもします。肌のチェックも怠りません。プチッと吹き出物が生まれていようものなら気分は急降下、「昨夜、バスタブにじっくり浸からなかったせい？」「甘いモノ、脂っこいモノを食べ過ぎた？」と、さっそく反省会です。

……ってなことが、数秒の間に脳裏を錯綜《さくそう》するだけなのですが、これは大切な朝の行事のひとつになっている気がします。昨日の私が今日の私を作り、今日の私が明日の私を作る。この営みの繰り返しが「自分の人生」なのだと思います。

……ってなことを思いつつも、「反省しては忘れる」の繰り返しも、「自分の人生」かしらん？と、思わずにいられないのも真理。こう開き直るところからして、やっぱり私って自己管理力のないオンナなのだわ、今朝も顔ムクんでたし。

さてさて、昨今は〝デパ地下〟のお惣菜売り場が花盛りですね。和食、洋食、中華、それぞれの分野がさらに細分化されて、綺羅星の如くです。働く女性にとってはもちろん、主婦にも、「あと一品」にうってつけなのか、重宝がられるのだそうです。私も新幹線で移動する時など、東京駅にあるデパートで買い求めたりします。お弁当を買うより、自分の気分や体調によっていろいろと選択できて栄養バランスが良いのが何よりうれしい。女ゴコロ、いや、女優ゴコロがくすぐられます。最近はカロリーを含めた成分表示をしているお惣菜屋さんもあり、このような企業努力も加味しつつ「どれにしようかナ♪」と売り場を練り歩くのが、私の密かな楽しみだったりするのです。

でもねぇ、高いですよね、お惣菜。「これだけしかないの!?」「そんなにするの!?」の嵐ですね。それでも、ついつい手がのびてしまうもの——それは何故かカボチャ系なのです。カロリー高いとわかっちゃいるけど〝パンプキン・サラダ〟、原価いくら？と訝《いぶか》りつつも〝カボチャの煮物〟。そういえば、おいしいパンプキン・プリンのお店が代官山にあると聞き、駆けつけたこともありましたっけ。

思えば、私はシンデレラになれなかった女でした。そう、私の芸能界入りのきっかけは男にフラレて応募した「第2回東宝シンデレラ・オーディション」で審査員特別賞をいただいたこと。シンデレラになれなかった私、つまりはカボチャの馬車に乗りそびれたわけで、私の中の未完のシンデレラが「カボチャ、カボチャ」って叫んでいるのかもしれない。ま、それが理由かどうかはさておき、とにかく私は大のカボチャ好き。煮て、蒸して、揚げて、焼いて、炒めて、とフル活用。お菓子作りにももちろん使います。そう、女性はいつの時代も「芋、栗、南京好き」なのですヨ。

聞けばカボチャは中央アメリカの「ご出身」。日本には戦国時代末期にポルトガル人により持ち込まれたのだとか。この際、カンボジア経由だった為に、カンボジアが訛《なま》って「カボチャ」と呼ばれるようになったのだそうです。

今、私達がよく口にするカボチャは「西洋カボチャ」。ほくほくとした食感、甘味の強さがウリのこのカボチャは食生活の洋風化や嗜好の変化とともに、60年代頃から栽培の主流となり、現在、市場の約9割を占めているのだそう。

余談ではありますが、戦争中に幼少期を過ごした方が「当時、イヤというほどカボチャを食べさせられたので、見るのも嫌だ」と仰ったことがありました。その時私は、「カボチャなら〝イヤ〟というまで、食べたいモンだ」と思ってしまったのですが、あとから聞いたら、戦中のカボチャは、今と比べものにならないほど水っぽく、おいしくなかったのだとか。今振り返ると、品種改良が進み、どんなにカボチャがおいしくなったとしても、その方はカボチャを見ると、戦争という悲しく忌まわしい出来事を思い出してしまったのだろうと、心中を推し量らずにはいられません。そして、しみじみ「おいしいなァ」とカボチャを味わえる平和な世の中に感謝してしまう私なのです……。

さて、戦争中の日本人の食生活を支え続けた立役者だというのに、「南瓜《カボチャ》に目鼻」「南瓜《カボチャ》野郎」のように、言語上「カボチャ」ってシイタゲられているってご存知でした？　そういえば、さつまいもも野暮ったい形容に使われたりもします。実は、両者共に食物繊維、ビタミン、ミネラルをたっぷり含んだ美容食なのにね。シミ予防、便秘解消に大活躍のビューティサポーターであるカボチャ、さつまいもの尊厳の為にも、私は日々食べ続けます。たとえ「芋娘」と呼ばれようとも!?

カボチャの和風サラダ

マヨネーズとみそって意外と相性がいい。さっぱりしていて風味豊かなドレッシングがカボチャの甘味を自然に引き出してくれます。

蒸し器の蓋を布巾で包むようにすると、よりほっくりとカボチャが蒸し上がります

材　料　4人分

カボチャ約450ｇ　ねぎ20cm　打ち豆20ｇ　クルミ15ｇ　マヨネーズ大さじ1　みそ大さじ1〜2　ヨーグルト小さじ2　七味とうがらし小さじ½

作　り　方

❶カボチャを2〜3cm角に切り、蒸し器で竹ぐしがすっと通るようになるまで蒸す。❷打ち豆を5分ほど水に浸けて戻し、鍋で5分ほどゆでる。❸ねぎは白髪ねぎにし、クルミは粗みじんに切る（手で割ってもいい）。❹①②③をマヨネーズ、みそ、ヨーグルト、七味とうがらし（好みで調節して）であえる。

ケーキ屋さんで夢の実習

この夏、なんとケーキ屋さんで働いてしまいました。

女優廃業⁉

いえいえ、「現場の厳しさを体験」する為の、春から通っている調理専門学校の「校外実習」なのです。自由が丘にある洋菓子店で8日間の研修。憧れの店の裏側を覗けるなんて夢のよう。

私が最初に任された仕事は〝フィルムはり〟。ケーキの側面が乾燥しないように巻くのです。

簡単に見えますが、フィルムがたるんでいたり、生クリームの表面に傷をつけてしまっては、商品価値が下がってしまいます。ケーキの最高の〝表情〟をお客様にお見せできるように、職人さんの思いを無駄にしないように、細心の注意を払いながら巻きました。

それにしても洋菓子店の朝って早いんですね！　皆さん、朝5時半過ぎには来ています。現場の雰囲気を少しでも長く味わいたくて、指定時刻は8時だったのですが、私も朝6時から働きました。

味わったのは、雰囲気だけではありません。〃つまみ食い〃、しっかりさせていただきました。仕事量が多いゆえに、3時近くまで昼食にありつけなかったりするのです。

腹が減っては良い仕事はできません⁉ 厨房《ちゅうぼう》はレジから丸見えなので、お客様に背を向けつつ、さりげなくケーキの切れ端を口に放り込む私——。

技術はもちろん、物作りに携わる人の心からも多くを学びました。「ケーキを売らずに愛を売る」とのシェフの言葉どおり、「夢を売る実感」を味わいました。

お客様の笑顔を見ると、「夢を作ろう」と改めて気合が入ります。こんな作り手とお客様の気持ちの相乗効果が店を〃夢の空間〃にしていくのかもしれません。

とはいえ、素敵な夢は、現実生活の充実あってこそ。猛暑の続く今年の夏には、食欲を増進させる辛味の効いた「ピリピリササミのサラダ」をお試しください。

普段の食事をしっかりしてから、夢の世界を味わってくださいませ。

ピリピリササミのサラダ

脂分が少なくて良質なタンパクのササミは太る心配なしのうれしい食材のひとつ。よく使います。仕上げにポリ袋に入れてもみ込むと味がなじみます。

1 ポリ袋にきゅうりを入れ、すりこぎなどで叩く

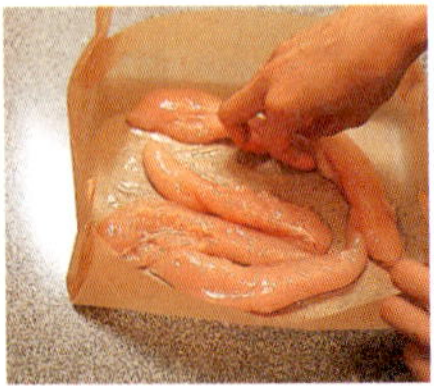

2 オーブンペーパーを箱形に作る。ササミを入れ、調味したらそのまま蒸し器に入れる

材　料　4人分

ササミ200g　きゅうり2本　トマト中2個　コチュジャン大さじ1　みりん大さじ1　しょうゆ大さじ1　すりごま大さじ1　ごま油小さじ1　酒大さじ1　塩小さじ¼　しょうが1片　レタス適宜

作り方

❶ササミの筋を取り、オーブンペーパーの四隅を切り込みステイプラーなどでとめて箱形に作った中に入れ、酒、塩をもみ込む。ペーパーごと蒸し器に入れて、中まで火が通るまで3分くらい蒸してから、身をほぐす。❷ポリ袋にきゅうりを入れ、すりこぎなどで叩いて食べやすい大きさにする。❸トマトの種を取り、2.5cm角に切って②の袋に入れる❹小鍋にコチュジャン、煮切ったみりんを混ぜ、しょうゆ、すりごま、ごま油を加え混ぜ、ササミと一緒に②の袋に入れ、袋ごと軽くもむ。❺レタスを皿に敷き、④をのせる。しょうがは針しょうがにし、その上にのせる。

「私」をかわいがる為に

私、水野真紀は、昨日3月28日をもちまして31歳になりました。うーん、高校の卒業アルバムの中で「十年後の私」という質問事項に対し「主婦」と迷うことなく答えていた私。その私が、この年まで独身でいるとは誰が想像したでしょうか。正直、私自身驚いています。でも、こればっかりは「勢い」「タイミング」が必要、と、諸先輩からアドバイスを頂いているので、焦ることなく独身生活を謳歌《おうか》したいと思います。

さて、最近は若い女の子のみならず、炊事洗濯で忙しいはずの主婦の方の爪《つめ》まででも、ネイルアートの花が咲いています。生来、面倒くさがり屋の私、部屋のサボテンだって枯らしたんだもの、爪に花が咲くわけがありません。が、ドラマの場合、手元のアップを撮ったりするので、まさに「手が抜けない」窮地に立たされると慌てて始めるのです、お手入れを。時々ネイルサロンに行ったりもしますが、時間がないこともあり、自分で手入れをすることが多いのが現状です。ベースコートを塗って、マニキュアを二度塗りして、トップコートで仕上げる――

というのがいつものコース。人によっては「丁寧ね」と、仰る向きもあるでしょうが、このコースで塗ると、5日間くらいは「頑張って」くれます。生爪にそのままマニキュアを一度塗っただけでは一日と持ちません。そのたび、除光液で落として、また塗って——。かえってそのほうが面倒なのです。このように手間のかかるネイルケアですが、きれいに塗れた時の満足感といったらありません。ネイルアーティストの方が生み出す華麗な「花」には及びませんが、淡いピンク色のネイルは桜を思わせるかわいらしさ、洗い物で乾燥しがちな私の手が元気に見えるから不思議です。

そういえば、何かの雑誌で、かの森光子さんが「皆さんから〝手がきれい〟と言ってもらえるのがうれしくて、手だけは気をつけています。寝る時にクリームを塗って、手袋したり……」と答えていらっしゃいました。そうなのです。素敵に年を重ねるには、精神的な面を磨くことだけでなく、自分の体をかわいがってあげることも忘れてはいけないのですよネ。

では、「体」の内側から「私」をかわいがる為に、野菜たっぷりで栄養バランスのとれた「切りイカサラダ」を作るとしましょうか——。

切りイカサラダ

炒めた切りイカのカリカリ感を味わう為、
ドレッシングをかけたらすぐにいただきましょう。
これならおかずとしても立派に誇れるでしょ？

1 切りイカを調理バサミで適当な長さに切る

2 フライパンにごま油をひき、切りイカを箸でくるくる混ぜながらきつね色になるまで炒める

材　料　2人分

切りイカ15ｇ　ごま油大さじ1½　ごま大さじ2　レタス・きゅうり(斜め薄切り)・しそ(せん切り)ほか野菜適量(合わせてすり鉢1杯分くらい)　A[しょうゆ・酢各大さじ1～1½]

作　り　方

❶切りイカは適当な長さに調理バサミで切る。❷すり鉢でごまを軽くする。❸ごまの入ったすり鉢に、適当な大きさにちぎったレタスと野菜を入れてあえる。❹フライパンにごま油をひき、切りイカを入れ、ごま油をよくからめてから熱し始める。箸でくるくる混ぜながらきつね色になるまで炒め、蒸気が上がったら一度火を止めてかき混ぜながら水をとばし、余熱でカリッとするまで炒め続ける。③にのせ、Aを全体にかける。

ハワイに「ワープ」したい！

いやはや本当に寒い日が続きます。雪が降ってうれしかったのは子供の頃の話、今や猫のようにこたつで丸まるわけにはいかず、雪の中でも働くコマネズミとなってしまいました。2月ともなれば迫り来るバレンタインデーに街も乙女心も浮き立つものですが……。おや、バレンタインといえば！　昨年（2000年）11月に出た私の2冊目の本『これは楽しい！　はじめてのお菓子』（サンリオ）に、プレゼントにぴったりな「アーモンド・チョコ・バー」の作り方が載っています。意中の殿方がいらっしゃる方は、この本を参考に彼のハートを「ゲット！」してくださいい。……あら、すっかり本の宣伝になってしまいましたが、何せ浮草稼業に携わる身、安定した〝夢の印税生活〟への足がかりとなるこの本を何としてでも売りたいのです⁉　その為には手段を選びませんっ。

とはいっても、印税生活へのハードルはあまりにも高いのが現実です。生計を立てるにはやはり極寒のロケに出るしか道はありません。冬は女優にとっては受難の季節、あまりの寒さに肌がこわばり、舌がうまく回ってくれません。また防寒肌着の重ね着により「着膨れ」、つまり太って見えてしまうなんてこともあります。そしてもうひとつ大問題なのが、「お手洗いが近くなる」ことなんです。

冷えた体を内側から温めようと、お茶を飲む回数が増えるから当たり前なのですが、ここでちょっとした「葛藤《かっとう》」があるのです。特に公衆トイレしかないロケ場所……。そんなところで「トイレに行く」ということは「お尻《しり》が裸になる」ということです。「我慢するか」「冷気にお尻をさらすか」？　「to be or not to be（生きていくか死ぬべきか）」――シェークスピアの『ハムレット』ほど深刻ではないにしても、まさに「that is the question（それが問題だ）」なのです。

こんな時、「常夏の島、ハワイ」を思い出してしまいます。冬は暖かく、夏もカラッと爽やかなハワイに今、「ワープ」できたらどんなに楽かしらん？　こんなささいなことに悩むこともないのに――。

というわけで、今回は昨年ドラマのロケでハワイを訪れた際に食べた新鮮な海産物のお料理を、私の舌の記憶をもとに再現してみました。目を閉じて味わえば甦る、美しいハワイの風景――。ハワイだったら、いくらでもお尻さらしちゃうわん⁉

マグロとタコのサラダ

とうがらしがピリッと効いてあとひきの味。
お酒のおつまみにぴったり。タコをイカにかえたり、
素材の組み合わせ次第で、続々、新メニューが誕生。

「作ってからしばらくおくと、味がなじんでおいしいですよ」

材　料　2人分

マグロ・タコ合わせて約350g
あさつき(または青ねぎ)適量
赤とうがらし2本　ふのり適量
A[しょうゆ大さじ1　ごま油小さじ2　ごま大さじ½　砂糖ひとつまみ]

作り方

❶マグロ、タコはそれぞれ2.5cm角に切る。❷小口切りにしたあさつき、種を抜いてみじん切りにしたとうがらし、Aを合わせた調味料で①をあえる。❸熱湯にサッとくぐらせたふのりを水気をきってから加える。

PART*2

疲れすっきり！元気の素

今日の"やる気パワー"は
質のいい食事が生み出してくれます。
バランス良くは当たり前のこと。
「おいしい!!」という満足感も
忘れてはならないことなんですよね。

もっちり肌への道!?「白玉力」

「非国民！」とお叱りを受けそうですが、私は白米に執着心がないようです。子供の頃は〝おかずっ子〟。好き嫌いがないのを良いことに、おかずばかりを食べ「おなかいっぱい」とごはんを残していました。たぶん「味のハッキリしない食べ物」として、後回しにしていたのでしょう。けれど、この〝ハッキリしない味〟いや、〝淡白でありながら奥深い味〟こそが、ごはんの持ち味。それゆえ、どんなおかずとも相性良く、主食に君臨し続けるのでしょう。どうやら私は〝奥深さ〟を感じるには幼な過ぎたようです。

〝おいしいごはん〟は私にとって、おかずのひとつなのかもしれません。和食の場合は特に。つまり、ごはんをおかずとおかずを結ぶ、〝中和剤〟的に食べる気には、いまひとつなれないのです。

おいしいごはんの定義って何でしょう。これに関しては各々、私論をお持ちでしょう。私はグルメでもないので、なんの参考にもならないと思いますが、あくまでも私的意見として聞き流して、いや、読み流してくださいませね。

一、ツヤがある。
うーん、炊きたてのごはんにはそれにしかない透明感、ツヤ感があると思うのですョ。外食先で、炊きたてのツヤツヤごはんに出会うと、とっても得した気分になる。〝初もの〟のありがたみ、感じますねぇー。
二、香りがある。
〝匂い〟とも、また違うんですね。澄んでいるというか。「香りだなァー」と感じたら、それはもう〝おいしいごはん〟なのかも。
三、少し硬めである。
関西の方は、柔らかめがお好みのようですが、私はむしろ硬めが好き。お米の粒々の食感を楽しみたいのです。
四、モッチリ、粘りがある。
三で申し上げたように、程よい硬さがありながら、噛《か》むとモッチリ、粘りがある。「呑み込みたくないっ」と思わしめたら、やっぱり「おいしいごはん」です。
五、存在感がある。
これは炊飯時の混ぜ方次第なのかもしれないけれど、お米の一粒一粒がきちんと独立していながらも、〃お隣さん〃との関係を保っている、みたいな感じ？　上手な〃混ぜ手〃に出会えたら、きっと幸福な「おいしいごはん」。

どうやら「おいしいごはん」になるには、精米日、保存状態、研ぎ方、水、炊き方、炊く量など、たくさんの〃難関〃を突破しなくてはならないようです。「おいしいごはん」としての人生を全うするのも結構タイヘンそうですね。

だからこそ「おいしいごはん」に出会ったら、きちんと向き合って大切に噛みしめてあげたいのです。そのひと口に「おいしいごはん」に育て上げたたくさんの人の思いが込められていると思うから。〃中和剤〃になんて、とてもできません！

えっ、これだけ語れば充分、ごはんに執着心あるですってぇー？　うーむ、私自身、白米に対して、それほどの愛情、情熱をかける時間、そして「おいしいごはん」に育て上げる自信もないのです。よって、〃玄米〃〃炊き込みごはん〃に逃げてしまっています。共に栄養成分が高く、ハードな撮影現場での弁当には最適。たくさん炊いて冷凍しておきます。私の仕事上の〃元気の源〃ともいえるでしょう。

日本は米が主食だけあって、「上新粉」「道明寺粉」「白玉粉」など、加工品もいろいろあります。中でももち米が原料の「白玉粉」にすっかりハマった時期がありました。

「白玉粉」といったら、私が思い浮かべるモノ、作るモノは、水で練って丸めてゆでた「白玉」しかありませんでした。が、ある日のこと、通っていた料理教室の先生が「豆腐で白玉を練りましょう」と仰ったのです。ほんのり豆腐風味のもっちり白玉のおいしさといったら！「そうか、白玉粉って何でも練り込められるのね」。なんだか、目から大きなウロコがボットリと落ちた気分でした。

もちもち白玉の食感が大好きな私、豆腐白玉だけでなく、おろしたにんじんやマッシュポテトを練り込んで、ちょっとした「フレーバー白玉」を楽しむことも。それから砂糖に水を加えて練り上げ、餅《もち》っぽくしてみたりと、「白玉力」にすっかり惚《ほ》れ込んでしまいました。

パン、パスタ、じゃがいも、とうもろこし……。ところ変われば主食も変わります。早朝のパリでいただくクロワッサンがどんなにおいしくても、イタリアのパスタが、どんなにアルデンテでも、「おいしいごはん」が与える〝ほっこり感〟がそこにはないような気がします。それを求めてしまう私はやっぱり日本人。うん、やっぱり「非国民」とは言わせないわ！

にんじん団子スープ

白玉好きです。グイグイと練っていると嫌なことがスーッと消えていきます。にんじんを混ぜているのでビタミンの補強も万全。

1 白玉粉をすりおろしたにんじんで練る。水を少しずつふりかけ耳たぶより硬めにする

2 ソーセージを1の白玉粉で包む。その時にぎるようにはりつけていくと、きれいに仕上がる

材　料　15個分

白玉粉・にんじん各100ｇ　ソーセージ5本　固形スープの素2個　水600cc　玉ねぎ½個　キャベツ2枚　しめじ、セロリなど好みの野菜・パセリ各適量　塩・こしょう各適量

作　り　方

❶白玉粉をすりおろしたにんじんで練る。水大さじ1(分量外)を少しずつふりかけ、耳たぶより硬めにする。❷1.5㎝角に切ったソーセージに①をにぎる要領でまわりにはりつけていく。❸②を沸騰した湯に入れ、2分30秒くらいゆでてから取り出す。団子はゆで過ぎると溶けてしまうので注意。❹ほかの野菜は乱切りし、スープの素を溶かした水で煮る。塩・こしょうで調味する。❺③を④に入れ、火が通ったら器に移し、ちぎったパセリをちらす。

「大変」をラクにこなす人

この連載も、まもなく1年になろうとしています。もともと半年の予定で始まったのですが、〝延長戦〟となったのです。皆様、応援ヨロシクお願いします！

さて、ではいつもどのように闘っているのか？　野球のキャンプよろしく、キッチンにこもり自主練を重ねること数十回。私の背筋、腕力、脚力はかなり鍛えられたようです。何故なら材料の買い出しに加え、鍋の上げ下ろし、前傾姿勢が続く洗い物、意外と重労働なんです。とはいえ決してやせはしません。だって、夜中に〝試食〟と称し、甘いものをつまんでいてはねぇ……。

そんな時、友人から「家に来ない？」という誘いの声。自主練習の成果を確認するなら今がチャンスです。初めて行く友人宅で私が腕を振るうことになりました。勝手は違えども築1年弱という新しいキッチンなら使いやすいはず。久し振りの「お出掛け」、うれしいな、楽しいな、そこの角を曲がって右側のレンガ造りの家とか言っていたけれど――？

「!!」。まー、びっくり！　いつの間に「こんな素晴らしい邸宅をお建てになったの⁉」です。アメリカ北東部に多いというジョージアンスタイルのかわいらしい外装、家の中には「japanese spirit」を感じさせる物が所々に置かれています。「和と洋の融合」のセンスは幼少期、新婚生活をアメリカで過ごした彼女ならでは。「家」が素晴らしい作品に仕上がっているではないですか。

何より驚いたのは、彼女が子供を育てながら、働きながらわずかな時間をやりくりして、こだわりの外装、内装を求めるべく行動に移していったというところです。「大変だったのよー」、と笑う彼女から、その「大変さ」はまったく伝わってきません。でも「大変だっただろう」と素直にくみ取ることはできます。世の中にはたまーに「大変」をラクラクとこなせる人がいますが、またそんな人を発見してしまいました。

そんな彼女には全然「大変」じゃない〝コーンスープ〞を教えてあげるとしましょう。注意点はただひとつ、「噴きこぼさないこと」。コンロの掃除はそれこそ「大変」ですものね。

さて、肝心の自主練の成果ですが、若干、「フォーム改良」の余地あれども仕上がりは上々です。さぁこれからどんな「魔球」が飛び出すのか、乞うご期待！

ほっとけコーンスープ

ストレスがとんでいってしまうようなホッとする優しさ。作りたてをふうふう言いながらいただけば、気持ちも体も芯から温まります。

玉ねぎとコーンと牛乳を混ぜてあとは"ほっとく"だけ。見張っているうちに完成です

作り方

❶玉ねぎはすりおろす。❷鍋に調味料、クラッカー以外のすべての材料を入れる。❸絶対に沸騰させず、ごく弱火で20分ほど煮る。❹塩・こしょうで好みの味に調える。❺盛りつけてから適当に割ったクラッカーを浮かせる。

材料 4人分

クリームタイプのコーンの缶詰(235g)1缶　牛乳2缶分(約470cc)　固形スープの素1個　玉ねぎ1/2個　塩・こしょう各適量　クラッカー少々

なにごとも「ほどほどに」

「すみません、もうないんですよ」

四度目の〝栗の渋皮煮〟を作る為、栗を求めに行ったスーパーの店員さんが言いました。そうです。冬の訪れとともに、「栗の季節」も終わってしまいました。この秋、いったいいくつの栗を食べたことでしょう。元来、栗ご飯、渋皮煮……ほっくり、ほの甘い」ものには目がない私。それを芋、栗、カボチャのような「ほっくり、ほの甘い」ものには目がない私。それを知ってか知らずか、知人がイタリアから冷凍輸入された〝焼き栗〟を3袋もくれたのです。オーブンで温めると水っぽさがすっかり抜けて、香ばしい、ほくほく焼き栗の出来上がり！　あまりのおいしさに、ひとつ、またひとつと「やめられない、止まらない」……。

「そんなに食べて太らないの？」。皆さん、きっとこう思われるでしょう。いえいえ、女優だって人の子、食べ過ぎれば当然太ります。如実に体重計に表れます。たまに「何を食べても太らない」なんて、モデル、女優になる星の下に生まれてきたような方もいるようですが、神は私には、そのような才能はお与えくださいませんでした。才能がないからには、後天的に努力を重ねるしかありません。やはり私は「努力する凡人」なのです。「食べ過ぎた」と思ったら何をするか？ まず、摂取カロリーを抑えます。といっても食べないわけではありません。わかりやすく言うと「摂取脂肪分、糖分を控える」つまり、「余計な油分、糖分はとらない」ということです。

例えば卵を食べる場合。バターをたっぷり使った「オムレッ」なんて、もってのほか。「ゆで卵」「半熟卵」「温泉卵」、フッ素樹脂加工のフライパンで作る「ノン・オイル・スクランブルエッグ」「卵かけごはん」等々、油をほとんど使わない調理を考えます。もちろんこれだけでは飽きてしまいますから、薬味、タレ、ソースといった調味料で変化を持たせます。ごまやマヨネーズ（この場合、ハーフ・カロリーのものを使用）には油分が含まれていますが、そこまで神経質にはなりません。なにごとも「ほどほどに」が、ストレスもたまらず、良いみたいです。

今回ご紹介する〝キャロット・ライス〟、コク出しのためのベーコンはご了承いただくとして、それ以外の余計な油は使っていません。体重増加が気になる方、〝キャロット・ライス〟で「ほどほどに」ダイエットするのはいかが？

キャロット・ライス

ごはんとにんじんの甘味が溶け合って
「柔らか〜」が口いっぱいに広がります。
幸せを感じる瞬間!!

最後に瑞々しいディルをあしらって彩り良く仕上げます

材　料　4人分

米2合　固形スープの素1個　水270cc　すりおろしたにんじん100ｇ　ベーコン2〜3枚　ピーマン1個　玉ねぎ½個　ローリエ1枚　ケチャップ・ソース各大さじ1　こしょう少々　ディル適量

作 り 方

❶米は洗ってザルに上げておく。❷固形スープの素を分量の水に溶かしておく。❸②にケチャップ、ソースを合わせ混ぜる。❹ベーコン、ピーマン、玉ねぎを7㎜角に切る。❺炊飯器に米、③、すりおろしたにんじん、④とローリエ、こしょうを入れ、混ぜ合わせて炊く。❻器に盛り、ディルをあしらう。

達人の〝手抜き料理〟

おなかはすいたけれど、作るのが面倒くさい、作る気になれない。こんな時、ありますよね。

外食？　インスタント食品？　うーん、安直過ぎますっ！　だって私は、現在、料理修業中の身なんですもの……。

そこで、一流の料理人なら、きっと良い知恵をくださるに違いないと思い、仕事でご一緒していた中国料理の人気シェフ、脇屋友詞氏に聞いてみました。

そうして教えていただいたのが、「豆腐丼」です。

中国料理といったら〝火との闘い〟といったイメージがあるのですが、今回の「豆腐丼」、意外や意外、まったく火を使わずに作れてしまうんです。その簡単でおいしいことといったら!!

達人というのは、1万円を超えるコース料理から、原価200円にも満たない〝手抜き料理〟（ごめんなさいっ！）まで、守備範囲が広いんだなあ、と感心してしまいました。

この幅の広さは、脇屋氏の〝度量の大きさ〟に通じるのかもしれません。氏とはテレビ番組で3カ月にわたってご一緒したのですが、そのスタッフに対する心遣い、視聴者に対してのサービス精神、アイデアあふれるオリジナル中国料理に、私の頭は下がりっぱなしでした。

〝腕〟だけでなく、〝プロデューサー的分析力〟〝エンターテイナー性〟も持ち合わせた天性の料理人の脇屋さん。「豆腐丼」は、その忙しい厨房でのまかない料理のひとつだそうです。簡単、オイシイ達人料理、是非、作ってみてくださいね。

まかない豆腐丼

低カロリーでタンパク質もたっぷり。豆腐はなんといっても美肌への強〜い味方。時には主役でいってみるのもいいでしょ。

1 ボウルにしっかり水きりした豆腐を入れ、泡立て器で崩す

2 みじん切りにしたザーサイを混ぜ合わせ、ごま油、しょうゆを加える

材　料　4人分

木綿豆腐400g　ザーサイ(瓶詰)40g　ごま油大さじ½　しょうゆ小さじ¼　ごはん適量　万能ねぎ適宜

作り方

❶豆腐をしっかり水きりする。❷泡立て器で豆腐を崩し、みじん切りにしたザーサイ、ごま油を加え、好みでしょうゆを加え、調味する(ザーサイの塩気で味を調節)。❸熱々のごはんに②をのせる。好みで万能ねぎの小口切りをちらす。ごまなどで香りをたたせるとさらにおいしさが増す。

手作り弁当って偉大

いよいよ調理師の為の専門学校が始まりました。といっても、最初の数日はオリエンテーション。つまり、学校での過ごし方についての説明を受けるのです。この時、初めて「クラスメイト」と顔を合わせました。

これから1年間、机を並べるその顔ぶれは実にさまざま。高校卒業と同時に進学した人はもちろん、韓国からの留学生、元会社員、元劇団員、現役大学生……。「皿の上でのクリエイティビティ」を目指す人の集まりだけあって、個性的な人が多そうです。

最年長は定年退職後の「第二の人生」の為に入学した元教師のEさん。教える立場から教えられる立場へ――。たゆまぬ向学心が細胞を活性化させるのでしょうか。スッと伸びた背筋、肌ツヤといい若者に勝るとも劣らずです。

と、感心していたところ、なんと驚いたことに、我がクラスにはEさんのかつての教え子がふたりもいたのです。教え子のひとりはEさんと机まで隣り合わせ。神様もイキな計らいをするものです。世間は広いようで実は狭いということでもあるのだけれど……。

オリエンテーションの初日、昼休みが45分しかないのを見越して私はお弁当を作っていきました。このお弁当が皆の関心（感心？）を引いたようで、クラスメイトと会話らしい会話がようやくできました。

ドラマ収録の時には「心身のエネルギー源」、こんな時には「会話の糸口」にもなってくれる「水野製弁当」。手作りのお弁当の力ってホントに偉大です。お子さんの為の毎日のお弁当作りは大変だと思いますが、お母様方も、頑張ってくださいネ。

そして、ネタ切れなんて時には、「なめたけ・ひじきの炊き込みごはん」をお試しくださいませ。長いも入りの一風変わったごはん、教室中の注目を集めるかも？

なめたけ・ひじきの炊き込みごはん

ひじきは元気の素。ごはんに炊き込むと知らず知らずいっぱいとれるんですね。なめたけは瓶詰を使いますが、メーカーによって味の濃さが違うので味見して加減を。

しゃきっとした触感を大切にしたいから、長いもはあまり小さく切り過ぎないように

材　料　4人分

米2合　なめたけ(瓶詰)120g　長いも120g　酒大さじ1　芽ひじき大さじ3　白ごま大さじ2

作　り　方

❶米は洗って水に浸してからザルに取り、30分程置く。❷ひじきは洗って水で戻す。❸長いもは7㎜角に切る。❹①に同量の水、酒、水気をきったひじき、③の長いも、なめたけを加え、普通に炊く。❺炊き上がったらごまを混ぜる。

私が引っ越さない理由

ひとり暮らしを始めてはや6年目に突入しました。右も左もわからぬ「引っ越し赤ちゃん」（〝ひとり暮らしのための物件選び〟をレクチャーしてくれた某女優さんのおコトバです）だった私も、「敷金、礼金」という用語も覚え、今やしっかり自分の足で歩いています。東京でひとり立ちすることがいかに大変か、実家で〝おんぶにだっこ〟だった私は25歳にして初めて知ったのでした。

以来、5年間ずっと同じ部屋に住み続けています。引っ越したばかりの頃は、「更新は1回で終わりかな？」、つまり、4年弱住んだらまた引っ越すだろう、と思っていたのです。だって当時の私の「人生設計」では29歳で結婚する予定だったのですから。が、人生そう甘くはありません。大いなる設計ミス、三十路《みそじ》を越え、とうとう我がマンションの〝最古参〟になりつつあるようです。同じ頃に入居したはずの某女性作家さん（芥川賞を受賞した際、マンションの宅配ロッカーが、お祝いの花で埋まったという逸話があります）、私のあとに入居したお笑いの芸人さんも、いつの間にか姿を見かけなくなってしまいました。どうして皆、そんなにコロコロ引っ越すの？　有名人って、そんなにお金あるの？

私が引っ越さない理由。それはお金がないから——というのは冗談です。それは素敵な「ご近所さん」がいるからなのです。まずは「美容師さん」。ちょっと出掛ける時などにセットしていただくのですが、〝働くママ〟としての心構えを伺ったり、参考になる話を聞かせてくださいます。

次に「八百屋さん」。「おいしいですよ」とすすめられるのは実績に裏打ちされた自信があればこそなのでしょう。〝おまけ〟のみかんをくださるのもうれしい限り！　そして「クリーニング屋さん」。元気で仲の良いご夫婦にお会いすると、私も洗濯物もシャキッと張りが出てきます。私がどうしても行けない時に、買い物をお願いしてしまったことも——。

〝隣は何をする人ぞ？〟というケースが少なくない都会のひとり暮らしですが、水野はこのような方々に支えられ、当分引っ越せそうにありません。特にクリーニング屋さんは「キッチンあ・ら・かると」の良き読者、同時に「試食者」でもあります。今回の「マヨネーズグラタン」は試食していただいてないので、「おじさん、おばさん、作ってみてくださいね！」。

ヘルシー・マヨネーズグラタン

話題のヘルシー素材ふたつを組み合わせたほかほかのごちそう。ホワイトソースがわりにハーフカロリータイプのマヨネーズを使ってみました。

1 グラタン皿にブロッコリー、カリフラワー、ハムを並べる。ブロッコリーとカリフラワーを互い違いに並べると彩りもきれい

2 カッテージチーズとマヨネーズを混ぜたソースを1の上に均等になるようにかける

材　料　4人分

ブロッコリー・カリフラワー各½個　カッテージチーズ100g　ハーフカロリータイプのマヨネーズ70g　ハム4枚　クルミ適量　バターまたはオリーブオイル適量　にんにく1片　塩適量

作　り　方

❶ブロッコリー、カリフラワーは塩を加えた熱湯で硬めにゆでる。❷カッテージチーズとマヨネーズを混ぜる。❸バターかオリーブオイルをたらし、にんにくの切り口で香りづけしておいたグラタン皿にブロッコリー、カリフラワー、1cm角に切ったハムを入れ、②をかけ、砕いたクルミを表面にちらす。❹200℃に熱しておいたオーブンで13〜15分、軽く焦げ目がつくまで焼く。

風邪との闘い。有効戦法は？

ううう……。早くも風邪をひいてしまいました。ここのところの急な冷え込みに加え、睡眠不足、そして追い打ちをかけたのが深夜に及ぶ屋外でのロケーションと思われます。連続ドラマが始まった頃は9月上旬、残暑も厳しく、季節を先取りした秋物の衣装に「暑い」を連呼していたというのに、とうとう季節が衣装を追い越してしまい、今や肌着を重ねるのは当たり前。携帯用カイロをベタベタと背中に貼り、レッグ・ウォーマーは常に欠かせません。防寒態勢は万全――にもかかわらず、ウイルスはどこからか忍び寄ってくるものなのですね。

ロケで冷えきった体はおふろで温めたはずなのに、うがいは必ずしているのに、自前弁当（驚かれることが多いのですが、私は昼、夕2食分のお弁当を作って現地入りします）で栄養状態はバッチリなのに……。ええい、言い訳は無用！　取り憑《つ》かれた病魔とは潔く闘わねばなりません。さて、その戦法です。某風邪薬の宣伝をしている私としては、当然、その薬の名を挙げなくてはいけないところですが、ここはフェアに、食べ物で考えてみることにしましょう。

いわゆる「民間療法」では「卵酒」を挙げる方が多いようですが、実は私、試したことがないのです。なになに、卵黄、砂糖、日本酒を混ぜたものを飲む？　きゃーっ！　カロリー高そう、しかも寝る前になんて……。栄養つけなくてはと、いつもより食べているのに、そのうえこれを飲んだら太るのは必至です。風邪ひいて、やせるどころか太ったなんて、誰の同情も買えなさそう。とりあえず、「卵酒」はパス！

と、そこに「真っ黒に焼いた梅干しがのどに効く」との情報が。「黒焦げの梅干しなんて、がんになりそう……」と半信半疑で焼くこと1時間。おお、真っ黒とはいえないけれど、カリカリと茶色い「焦げ梅干し」の出来上がり！　口に含むと……「？」。思ったほど苦くはないけれど、「のどあめ」のような浸透感がほとんどなく、硬くなった皮が口の中でボロボロと崩れるばかり。あとに残ったのは疑心と、梅干しの種だけでした。

やはり風邪には安静、保湿、栄養という正攻法が一番のようです。「風邪ひきさん」も、そうでない方も、滋養に満ちたお好み焼き風の柔らかいオムレツで、これからの季節を乗り切ってくださいね。

お好み焼き風オムレツ

ここでも登場するのが、またまた長いも。関西風お好み焼きの山いも入りをヒントにしました。焼き過ぎず、中央がトロリとしているくらいがおいしい。

1 卵を溶きほぐし、すりおろした長いもを混ぜる

2 炒めた豚肉に1を流し入れ、4本の箸で大きくかき混ぜてから丸く焼く

材　料　4人分

卵3個　長いも100g　ニラ½束　豚ひき肉100g　塩・こしょう各適宜　A[ケチャップ大さじ2　豆板醤小さじ1　マヨネーズ大さじ1　しょうゆ小さじ½]　サラダ油適量

作　り　方

❶卵を溶きほぐし、すりおろした長いもを混ぜる。❷フライパンに油をひき、豚ひき肉を4本の箸でほぐすように炒め、塩・こしょうする。❸②に①を流し、箸で大きくかき混ぜてから丸く作り、蓋をして蒸らすように焼き、火が通ったらフライパンごと逆さにして皿に盛る。❹1.5cmくらいに切ったニラを油をひいたフライパンに入れ、しんなりするまで炒めたら火を止め、Aを豆板醤、ケチャップ、しょうゆ、マヨネーズの順で加え混ぜ、③につけていただく。

〝寄る年波〟に負けないゾ

うーん、どうも疲れの芯が取りきれない感じです。学校が始まって1カ月以上、生活のリズムはつかめているつもりなのですが、この倦怠感は何なのでしょう。

どうやらこの症状、私だけではないようです。風邪をひいている人もいますし、気分が優れず早退する人もいますし、教室まで辿りついたものの実習を休まざるを得ない人も……。

ええ、ここで私はあえて「辿りつく」という言葉を使わせていただきます。だって、私達の教室があるのは8階。1階の実習室との階段の往復が疲労感に追い打ちをかけていると言っても過言ではありません。

えっ、エレベーターですか？　2基ありますが、ほとんど使いません。いえ、「使えない」んです。だって電車並みの〝ラッシュ〟なのですから。

特に込むのは9時前の始業時と12時半頃の実習終了時です。ズラリと並ぶ生徒の数を瞬時にカウントするや否や私は判断を下します。「階段を使うほうが早い」。

31年にわたる私の人生において、「8階まで階段で上がる」という発想はありませんでした。

6階までは、とりあえず行けるのですが、8階に辿りつく頃には呼吸は乱れ、腿の裏の筋肉がツーンと張るのを感じます。

最初は「いい運動だわ」と気取っていたけれど、正直言って体調悪いとチョット辛い……。でも「この一段を踏み出さないことには授業に出られない」と老体（!?）にむち打つ今日この頃です。

それにしても、倦怠感といい、階段といい、寄る年波には勝てません。あら、こんなこと言ったら「ダイエットのために1年間エレベーターは使いません」とクラス中に宣言したNさんに叱られてしまいそう。彼女は50代で、クラスの中では女性で最年長なのです。そして、驚くことにクラスの誰よりも髪が美しい。ツヤツヤした漆黒の髪で、いつもみんなの憧れの的。

寄る年波なんて言っていないで、ここはひと頑張りして、彼女のような漆黒の髪に近づくためにも、今晩は髪の健康に効きそうな「ひじき入りつくね」を作るとしましょうか。

ひじき入りつくね

つくねを丸く焼いてちょっと甘いタレで味つけしました。歯ごたえもあってごはんがすすみます。冷めてもおいしいので、お弁当にもおすすめ。

1 つくねは具を順に入れ、手でよく混ぜ合わせる

2 2本のスプーンで作ったつくねをすくい取る

3 フライパンに油をひいてつくねを入れ、両面を焼く

材　料　4人分

鶏ひき肉300ｇ　しょうが2片　長ねぎ20cm　卵1/2個　芽ひじき大さじ2　ごま大さじ1 1/2　はちみつ大さじ1 1/2　酒大さじ3　かたくり粉大さじ1　しょうゆ大さじ3　みりん大さじ2　サラダ油適量

作　り　方

❶鶏ひき肉におろししょうが、卵を加え、粘りが出るまでよく混ぜ、酒大さじ1を入れ、かたくり粉を加える。❷①に、戻して水気をきったひじき、長ねぎのみじん切り、ごまを加える。❸フライパンに油をひいて②をスプーンですくって入れ、両面を焼く。❹つくねを取り出してフライパンの油を拭き取り、しょうゆ、残りの酒、みりん、はちみつを入れて少し煮詰め、つくねを戻し、煮からめる。

勤労学生になります

この（2000年）4月から1年間、和洋中、料理全般の基礎をみっちり習得する為、栄養専門学校の調理師科に通うことにしました。趣味のお菓子作りに飽き足らず、料理にもハマってしまった水野真紀。1年後には新たな兼業女優の出来上がり!?

さて、この件に関して、一部で「女優休業」なんてうわさが流れていますので、少し詳しくお話しするとしましょう。

まず、「休業」というウワサは真っ向から否定しちゃいます。月曜から金曜まで授業がびっしり入っているので、さすがに連続ドラマには出演できませんが、土、日は大阪で料理番組を収録します（残念ながら関西エリアのみの放送）。

また、『知ってるつもり!?』（日本テレビ系）にも放課後（なんて懐かしい響き!）を利用して参加します。

夏休みには2時間ドラマを数本撮りますし、「休業」なんてとんでもない！マネージャーいわく、「昨年以上に忙しい」んだそうです。というわけで、「休業」

より「勤労学生になる」と表現するのが正しいかと思います。

それにしても授業料って結構高いものですね。学生の頃は学費のことなど気にしたこともなかっただけに驚きました。調理師科においては、実習、設備充実の為に致し方ないとは思いますが――。とにもかくにも、今度は自腹で通うのですから、しっかり授業を聞いて、学んでモトを取ってきますね。

春から学生の皆さん、授業はまじめに聞きましょうね。そして、お互い頑張りましょう――。

レンコンお焼き

料理というよりちょっと理科の実験みたい。でんぷんの固める力を利用しておせんべいのようなお焼きにします。カリッと香ばしくて、おつまみにも最適です。

1 レンコンをすりおろし、よく水気をきる。丸めてよく搾る

2 すりおろしたレンコンの搾り汁を上澄みとでんぷんに分ける

3 直径5cmの円盤状にまとめ、フライパンに入れ、ヘラで押さえながら弱火で両面を焼く

材　料　8個分

レンコン（正味）400ｇ　サクラエビ10ｇ　クルミ15ｇ　しょうゆ大さじ1½　みりん大さじ1½　サラダ油適量

作 り 方

❶レンコンの皮をむき、酢水に放す。❷①をすりおろし、ザルに入れてよく水気をきる。丸めてよく搾り、搾り汁はボウルに取る。❸搾り汁の底にでんぷんがたまったら上澄みとでんぷんに分ける。❹レンコンにでんぷん全部を混ぜ、上澄み少々を足してサクラエビ、手で割ったクルミを混ぜる。直径5cmの円盤状にまとめる。❺フライパンに油をひき、④をヘラで押さえながら弱火で両面焼き、蓋をしてさらに焼く。❻⑤を取り出したフライパンに残った上澄み½カップとしょうゆ、みりんを加えて火にかけ、ひと煮立ちさせてとろみをつけてから⑤に添える。

私のレシピで肉料理は少数派ですが……

肉を食べないとヒトは穏やかになっていくのだろうか？

ここのところ、ちょいと気にかかっているコトです。そう、疑問を持ち始めたのは、ワールドカップの韓国戦を観ている時でした。闘志に燃える韓国選手、ブラウン管に映し出されるコリアン・レッドを身にまとう歓喜に満ちた人々――。日本人には到底追いつけない、目には見えないパワーを感じてしまったのです。

「コレって焼肉？　にんにく？　キムチの力!?」

そう、子供の頃は「肉好き」だった私。夕食のメインが「魚」と聞くや否やブーイングをたれ、「おあずけ」をくらったこともありました。そして、私は短気でヒステリックな子供でした。縺《もつ》れたネックレスを前に「誰かほどいてよぉおー！」と泣き叫ぶような（もちろん家族の前だけですが）。なのに最近、とっても人間が丸くなった気がします。「怒ることあるんですか？」なんて驚かれるくらい。

もしかしたら、肉の消費量が落ちたせい？

動物でいうと、肉食の虎やライオンに比べ、草食の牛の穏やかなこと！　ほら、あなたもだんだん私の疑問にシンパシー感じてきたでしょ？

誤解しないでいただきたいのですが、私は「ベジタリアン」でも「肉食推奨派」でもありません。食べるものにより人間が形成されていくとするならば、動物性タンパク質も、植物性タンパク質も、糖質も、脂質も、ミネラルも、バランス良く摂取するほうが、より良いのだろうなァ、と考える程度です。ただ、韓国選手の闘い振りには感動すら覚え、あの粘り強さにあやかろうと、レバー食べたり、七味とうがらしをいつもの倍ふりかけてみたりと、随分とコリアン・フードを意識してしまいました。

ただ、韓国を旅した時に感じたのですが、「韓国＝焼肉」という図式は当てはまらないようです。キムチひとつとってもバラエティ豊か、あまり知られていない野菜たっぷりの料理も随分とありました。もしかしたら、韓国女性の肌の美しさは、こんなところにあるのかもしれません。

ま、穏やかに、丸くなったのは年を重ねて円熟味を帯びてきた、ということもありましょう⁉︎　ビタミンB_1をたっぷり含んだ豚肉を使った、〝みそカレー炒め〟で、我々日本女性も美しくパワーアップせねば！

豚のみそカレー炒め

みそとカレー粉それぞれの風味が相まって
奥行きのある味が生まれました。
炊きたてのごはんを添えるだけで最高のごちそう！

フライパンにサラダ油を入れて熱し、5㎜幅のくし形に切ったカボチャを入れて柔らかくなるまで中火で炒め、表面に軽く焦げ目がついたら取り出しておく

材　料　4人分

豚肉のこま切れ200ｇ　カボチャ200ｇ　玉ねぎ中1個　赤とうがらし適量　サラダ油適量　A[みそ大さじ2　はちみつ大さじ2　カレー粉小さじ1　酒大さじ1]

作　り　方

❶Aの材料をすべて合わせておく。❷フライパンで熱したサラダ油に、5㎜幅のくし形に切ったカボチャを入れて柔らかくなるまで中火で炒め、表面に軽く焦げ目がついたら取り出しておく。❸②のフライパンをペーパーで拭いて、サラダ油をひき、種を取って手でちぎった赤とうがらしを入れて熱し、角切りにした玉ねぎと食べやすい大きさに切った豚肉を入れて、7割方炒める。❹③に①を加えてサッと炒め、②のカボチャを入れて軽く炒め合わせてから盛りつける。

「京のぶぶ漬け」考

京都ではお茶を「おぶ」または「ぶぶ」、漬物を「お漬け」といい、お茶漬けのことを「ぶぶ漬け」というそうです。先日、京都でこの「ぶぶ漬け」をいただきました。京野菜の漬物の「ぶぶ漬け」。のどごしもよく、いくらでも入りそうでした。

ところで、「京のぶぶ漬け」の話、ご存知ですか？ 京都人の家に行った時、「どうぞぶぶ漬けでも」と誘われても上がり込んではいけない。上がろうものなら「あの人は図々しい」と陰口をたたかれる。つまり、「本音とたてまえ」「京都人とのつき合いの難しさ」のたとえ話です。

もうひとつ。玄関先ではなく、家に上がってからの話も、京都を訪れた際に知りました。

帰り際に「ぶぶ漬けでも」と言われても「いただきます」は禁句。よその家に行ったら普通は夕飯までには帰ります。

それができないような無粋な人にむかって、

「あんたさんが長いことといてるから、晩ごはんの支度ができひんでぶぶ漬けくらいしか作られへん」

そういう意味が込められているとのことでした。

また、京漬物はかつては粗食だったそうです。いやな侍、公家が夕飯時まで居座った時、「ぶぶ漬けでも」と言ったら、「ぶぶ漬けなど食えん」と言って帰ったなんて話も――。

と、なんだか、どれも京都人の「いけず（意地悪）」な部分を強調するように仕立てられています。でも、解釈次第では、「お客さんの気持ちを傷つけずにお帰り頂く思いやり」、そんな思いが「ぶぶ漬けでも」のひと言に込められているとも考えられます。

こう暑いと食欲も失せてしまいます。おいしい京の「お漬け」があれば、ごはんもぶぶ漬けでサラサラと食べられそう。

同じように私の夏のエネルギー源、豆腐も薬味をたっぷり工夫すれば、いくらでもすすみます。今回はナンプラーを加えてエスニック風にしてみました。仕事も遊びも体が資本、元気に夏を乗り切ってくださいね。

エスニック冷ややっこ

豆腐って、単純の極みみたいな白くて四角い形の中に実はすごい力を秘めているんです。まとうものひとつで、八面六臂、大活躍します。

1 鍋にごま油を熱し、じゃこを入れて木ベラで焦がさないよう注意しながら弱火で炒める

2 豆腐の中央をスプーンでくりぬく。くりぬいた豆腐は薬味と一緒に食べる

作り方

❶鍋にごま油を熱し、じゃこを炒め、取り出す。❷同じ鍋にみじん切りにした長ねぎ、しょうが、にんにくを入れ、香りが出てきたらナンプラー、しょうゆを加える。❸オクラはさっとゆでて、輪切りにする。❹豆腐の中央をスプーンでくりぬき、①と②をあえてのせ、③をあしらう。

材料　4人分

絹ごし豆腐2丁　じゃこ20g　長ねぎ20cm　オクラ6本　ナンプラー大さじ1½　しょうが20g　にんにく1片　しょうゆ大さじ1　ごま油適量

お料理にも「スタイリスト」

11月（2000年）に、「お菓子作りの本」を出版します。このレシピ作成の苦労話は前にお話ししましたが、おかげさまでなんとかレシピも完成し、いよいよ本格的に本の撮影がスタートしました。

ここで「撮影」について、あまりご存知ない方の為に、ご説明しますね。撮影とひと口に言っても、映画、テレビ、ポスター、雑誌などいろいろありますが、今回のような場合、「キッチン・スタジオ」と呼ばれる所をお借りすることが多いのです。このスタジオ、その名のとおり、冷蔵庫、オーブン、流し台、コンロはもちろん、お玉、竹ぐしに至るまで、あらゆる台所用品が備わっています。それこそベッドを持ち込めば住めてしまえそうなほどです。

今回は、18のレシピ分のプロセス、完成品、その他の撮影を2日間で終えなくてはならなかったので、その慌ただしさといったら！　編集部の方、監修の先生、フードスタイリスト、ヘアメイク、カメラマン、そして、それぞれのアシスタントが縦横に動き回り、その働きぶりには頭が下がります。皆さんが気を利かせて汚れ物を洗ったり、材料を計量してくださるので、私も手早く作業できるのです。

お菓子の本を出すのは2回目ですが、今回の撮影では改めて「フードスタイリスト」の力を思い知りました。フードスタイリストとは、お菓子にとっていわば「衣装」に当たる、皿、ラッピング用品、テーブルまわりの雑貨を探し集め、コーディネイトする人のことを指します。あらかじめ、私なりのイメージをお伝えするのですが、的確な判断といい、ラッピングペーパーを自ら印刷してしまうほどの創造力といい、まさに職人技、「餅は餅屋」です。良く言えば「素朴で飾り気のない」、つまりは「華やかさに欠ける」私のお菓子が、彼女の手にかかり、おしゃれな「衣装」を身にまといライトを浴びるや否や、スター然として堂々たるものに。ステージママの気持ちが、ちょっぴりわかるような気がしました。

さて実はこの連載で私も「フードスタイリスト」「カメラマン」を兼任する時があるのです。

この「スタミナ納豆そば」は素敵な器に、彩り豊かに美しく盛られていますが、箸でかき混ぜ、そばをからめるとフードスタイリストさんも目を覆いたくなる見苦しさに——。でも味は保証します！

スタミナ納豆そば

薬味というよりサラダ？　あるいはおかず？
体にいいと思われるものをどっさり盛り合わせて。
見た目は気にせず、思いっきり混ぜて食べるのが○。

大根のおろし汁は捨てないで!!　めんつゆをのばすのに使うとおいしいつけ汁に

材　料　2〜3人分

A[納豆1パック　大根適量　明太子またはたらこ半腹　あさつき適量　卵黄1個分　かつお削り節適量]　薬味[刻み海苔・ごま・七味とうがらし・しそなど各適宜]　めんつゆ・そば各適量

作り方

Aの大根はおろし、水気をきる。あさつきは小口切りにし、すべてを器に彩り良く盛る。これをよくかき混ぜ、めんつゆ、好みの薬味を加え、そばをからめていただく。大根おろしの汁を取っておき、濃縮タイプのめんつゆをその汁でのばすと、ひと味違うつけ汁になる。

PART*3

必要は生活を変える
ダイエットで料理開眼!?

家族の為の家族による家事

大きな声では言えませんが、18の夏まで、私は料理らしい料理を作ったことがありませんでした。というか作る必要もなかったのです。専業主婦である母は、とりあえず三度の飯、いや、正しくは二度の飯、つまり給食・外食といった例外を除いた食事を作ってくれていましたし、母から仰せつかった〝お手伝い〟に「料理」は含まれていませんでした。〝お手伝い〟。男尊女卑がまかり通る我が家において、それは年子の姉と私の役割でした。

まず〝食事の配膳〟。母が盛りつけた皿を、食卓に並べ、取り皿を用意したり、お茶を淹《い》れたりします。

そして〝食後の皿洗い〟。食器洗浄機などない時代。ごはん茶碗はしばらく水に浸けておく、油っぽいものは、あらかじめぬぐっておく、塗り物は水に浸け過ぎないなど、母に教えられたマニュアルに従い黙々と洗います。両親、弟を含めた5人分の食器が揃う休日などは水きり籠が食器の山！　さらに布巾で拭いて、元の棚に戻して。ううっ、思い出すだけで「自分で自分を褒めてあげたい」気分に駆られます。

さらに〝洗濯物をたたむ、しまう〟。育ち盛りの子供が3人もいれば想像がつきましょう。あの洗濯バサミがついた四角いヤツが、3つ、4つもあると、ホントにうんざり。洗顔用タオルに、トイレ用タオル、台所の布巾、もろもろ、家の中って洗う物が結構あるんです。ほかに〝部屋の掃除〟なんてのもありましたっけ。

こう振り返ってみると、家事というのもかなりのハードワークですね。手を抜こうと思えば抜けるし、完璧に遂行しようとすれば終わりがないでしょうし——。上手に手抜きして、かつ、家族から感謝される、というのが〝賢い主婦〟といえるのかしら？

ダイエット道まっしぐら

そんな〝お手伝い〟に縛られつつも、子供だって結構忙しいものなのです。ピアノ、スイミングといったお稽古事、図書館だって行くし、放課後のドッジ・ボール、友人宅でのリカちゃん人形遊び、家に戻ったって漫画を隠れて読んだり（漫画から漢字を覚えたこともあるのに、何故か昔の親達は、漫画に対して寛大ではなかった）、そうそう、〝交換漫画〟なんてのも描いたり、やりたいことはいくらでもあるんです。と、そんなこんなに加え、与えられた任務を務め上げるだけで手いっぱい。とても料理をする気力など湧きはしなかったのです。

さて、前置きが長くなりましたが、〝18の夏〟、そう、私は料理を作る気になったのです。何故って、それはやせる為。

短大1年の春休みが終わり、2年生になった初登校日、友人のAちゃんが、今でいう〝激やせ〟していたのです。聞けば〝恋〟をして、目下、ダイエット中らしい。若さゆえのポッチャリ顔ではあったけれど、決して太っている部類には入らない。そんなAちゃんの顎《あご》は尖り、お顔もひとまわり小さくなって、イイ女風に――。「恋ひとつで、そんなにやせられるモンなのかい？」燃えるような恋の味など知らない私は、至極フツーにそう思いました。「へーえ、恋って脂肪も燃やすんだ」と、最初は感心しきりの私でしたが、6月も末になった頃、はたと気づいたのです。「そうだ、私もやせなくてはいけないのョ」。

当時の就職戦線状況は〝売り手市場〟下にありました。大した就職活動をしなくとも、優良企業に就職できるという評判の短大にいる我々も、卒業後の進路について、何となく目鼻をつけ始める時期でした。企業に就職する、海外に留学する、併設の専攻科に進学する――。「短大を卒業してから本格的に女優の仕事を始める」と、事務所と約束していたのを良いことに、のほほんと学生生活を満喫していた私も、さすがにそろそろ就職準備しなくては、と気が急《せ》いてきたのです。

改めて自分の体を見れば、学食で毎日のようにアイスやらお菓子を食べ、学校帰りには二子玉川でケーキ食べたりと、お酒こそ飲まないものの、自堕落な生活の積み重ねが如実に表れているではありませんか！　恐ろしいことに、中学時代熱中していたバレーボールをやめてからなんと10kg近く体重が増えている――。これじゃ、女優以前の問題かも……⁉

コレってなんだか、皆に遅れを取っている気がする。なんとなく、ソレって格好悪い気がする。なんとなく、今やせないとヤバイ気がする。この〝なんとなく……な気がする〟というなんの根拠もない、なんとも不確かなモノが私の原動力のひとつになっていたりするのですが、この時期もこうやって〝ダイエット作戦〟がスタートしたのでした。ただひとつだけ確信したこと、それは「Aちゃんにできたことが、私にできないはずがない！」。でも、これにしたって根拠なんてありはしないのヨ。Aちゃんの人となりを深～く知っていたワケではないんだから。

手始めに私が行ったこと。それは〝お母さんの作ったものは一切食べません宣言〟でした。摂取カロリーを制限するべく、口に入れるすべてのものを自分で作ることにしたのです。

ありがたいことに、低カロリーを謳《うた》った料理本が書店にはいくらでも並んでいるではありませんか。その中から管理栄養士さんが監修した信頼できそうな一冊を選び、本に忠実に作ることにしました。鶏ならササミ、モモ肉は皮なしを購入、油を使う炒め物はやめ、ゆでる、網焼きにするなどの他の調理法といった具合です。さらに、夏休みとなれば、学食の誘惑、合コンのお誘いなんてのもないから、食事のコントロールがしやすいときている。そんなこともあり、私の目方は急降下。調子にのって目標体重を達成したあとも、ゲームでもするが如く、低カロリー食を作り続けていたのです。

そして、生活パターンを早寝早起き型に徹底。夜遅くまで起きているとおなかがすきますから、当然食べたい欲求に駆られます。だったら、さっさと寝てしまったほうが、余計なストレスもたまらない、という理由からです。実際、おなかがすいて目が覚めるし、日中は聞くことができない小鳥のさえずり、そして何より、早朝の空気の清涼感は何ものにも替え難いものでした。

が、来るんですよ、〝リバウンド〟。結果としてやせましたが、体重は少し戻ってしまいました。脂肪が減っていくのは確かにうれしく、面白い体験だったとはいえ、やはり無理なダイエットは禁物、と大いに反省。

ただ、どんな失敗からだって必ず得るものはあるもの。自ら料理することで、栄養学的な知識が少し増えたし、私の料理の傾向でもある、油、砂糖の使用量を控えた料理、つまり〝体に良さそうなモノ〟という基本理念は、ここから生まれたような気がするのです。

料理開眼

私が師と仰ぐ料理研究家の清水千代美先生にお会いしたのは、ＮＨＫの朝ドラの出演が決まり、ホッとひと息ついていた短大2年の冬でした。清水先生が主宰する月1回の〝おもてなし教室〟に通うことになったのです。先生の自宅に伺って少人数で料理を習うというスタイルは、当時、そんなに多くはありませんでした。そして〝紹介制〟という、どこかヒミツめいた響きに心を動かされたのも、教室に通うひとつのきっかけでした。

私に、その教室を紹介してくださったのは、日本舞踊でご一緒していたHさんでした（えぇ、事務所のすすめとはいえ、殊勝にも私ったら〝芸を磨いて〟いたのです!?）。Hさんは、4年制の大学を卒業した後、改めて専門学校で栄養学、調理を学ぶほどの料理好きなお嬢さん。そして、実は私も、短大を卒業した後、事務所に内緒で、某女子短大の家政科に進もうかと画策していたのです。

「いくら春から本格的に女優業を開始するとはいえ、順調に仕事が舞い込むとは限らない。ならば、もう少し学生生活を延期させて、仕事がない時は学校に通うのはどうだろう?」というのが、両親と私の一致した意見でした。

四年制大学に行った友人、企業に勤め始めた友人、それぞれの輪ができていく中で、事務所に所属しているとはいえ、〝契約更新〟を1年ごとに繰り返す私は、あくまでフリーの身。仕事が途切れた時や、悩みを抱えた時、友人が輪の中での仕事、勉強に忙しいようでは孤独に襲われ、心身のバランスを崩すのではないか。そんな理由からでした。

料理はほとんど作らなかったとはいえ、家庭科自体は好きだったし、授業で作ったエプロンが、都展に出品されたこともあった。そう、今度は料理、裁縫、育児教育全般が学べる〝花嫁修業〟学科みたいなところに行こうかしら? なんて話をHさんにしていたのだと思います。すると「料理に興味があるなら」と、ご自分が通う〝おもてなし教室〟のファイルを持ってきてくださったのです。

そのファイルに私は目が釘づけになりました。レシピ、そして美しく、時にかわいらしくセッティングされたおいしそうな料理、お花屋さんから運んで来たようにしか見えないフラワーアレンジメント――。写真を通じてとはいえ、見たこともない世界が広がっているではありませんか！

かくして私は料理教室に通うことになりました。

えっ、日舞ですか？　どうやら私と日舞とは相性が良くないようで、その後しばらくしてやめてしまいました。でも、日舞に通っていなかったら、清水先生との出会いもなかったのです。こうして振り返ってみると人生って、何がきっかけで、どう広がっていくかホントにまったく見えないもの。それが面白くもあり、怖いトコロでもありますが――。

赤坂にある先生の教室では、常時6～8人の生徒さんと共に習っていました。生徒さんとはいっても、私よりずっと上のおネエさまばかり。中学時代、バレー部で〝女の縦社会〟というものに鍛えられていた私は、「粗相があってはいけない」と、ミョーに緊張していたのを覚えています。フリフリのエプロンをつけた、おハイソな奥サマ、韓国大使館関係のオモニ、某有名デザイナーのお母様、肝っ玉母さん風、今でいうパラサイトシングル――。生徒さんは、どのクラスも十人十色、何とも感じの良い方ばかり。料理だけでなく、仕事をしていたら、出会うことのない方と接すること、それは意外に楽しいもので、緊張の糸はみるみる解けていきました。

清水先生は、当時まだ29歳、教室を始められて3年ほど過ぎた頃でした。調理専門学校で料理の基礎を学び、料理学校の助手としてさらに知識を深め、腕を磨いた後、ご自身で教室を立ち上げられたそう。さらには、フラワーアレンジメントの講師の顔もお持ちでした。主婦業の延長に見られがちな〝料理研究家〟という肩書きの裏にはたくさんの経験、努力が隠されていたのです。優しくて穏やかでありながらも、芯のある力強さも感じさせる、とにかく言葉では言い尽くせない先生の魅力にハマってしまった私。月に1回の教室が、待ち遠しかったことったら！「この楽しさを誰かに教えたい」と、姉も通うことになりました。やがて、教室でのレシピをまとめたファイルは姉の嫁入り道具のひとつとなり、また、クリスマス・イブには私も参加して、清水先生直伝のレシピでターキーを焼くのが、姉一家の恒例となっています。

料理教室というのは星の数ほどありますし、その内容もさまざまです。清水先生は、月ごとにテーマを決めて、それに合わせた〝おもてなしの食空間〟を構成するスタイルをとっています。テーマをいくつか挙げてみると「七夕のテーブル」「敬老の日に」「ハロウィーン」「復活祭のテーブル」「お庭でランチ」「夜桜」な

テーマに沿って、みんなで料理を作ります。仕上がったらテーブルセッティングにも挑戦。最後に後片づけをして全部で３～４時間の授業。かなり充実度の高い時間が流れます

ど、日本だけでなく外国のイベント、そしてアウトドア感覚も取り入れたりと、教室の空間はそれこそ無限大に広がっていくのです。「クリスマス」ひとつとっても、上の学年に上がったら〝北欧〟を意識して、ブルーとシルバーを中心としたセッティングにしてみたりと、生徒を飽きさせることがありません。

　テーマを考え、それに沿った料理を決め、テーブルセッティングをする。それを15年間続けることは並大抵の努力ではできません。だって、教室に加え、雑誌の撮影、ほかの料理教室の講師、レシピ作製、写真の管理、食材の買い物。これら一切合切を専属アシスタントを使わずすべてご自身でこなした後、度重なる新作レシピの試作を行うのですから。しかも、この15年の間に出産・子育てを経験なさっています。「忙しいのに元気ね」なんて、お褒めの言葉をよくいただく私ですが、それは先生のように繁忙を極めながらも爽やかでいる姿を見ていたせいかもしれません。そう、忙しいのは、ツラいのは、自分だけではないのです！

「忙しいけど爽やか」というのは、主婦業も含め、働く女性にとって忘れたくない姿だと私は思うのです。慌ただしい毎日の中で下がりがちな口角をキュッと上げて微笑みの表情を作る、どんなに疲れていても元気な声で挨拶をする、体が重くとも、背筋を伸ばす――。そんな姿の女性を見ると「あぁ、自分も負けていられない」とパワーをもらっているような気がします。それにこんなパワーならどんな人だって気持ち良く受け入れてくれるはず。その場を包む空気がやわらかくなっていくような気がするのです。

自らの姿勢をもってこういうことを教えてくださる先生に出会えたことを感謝するとともに、素敵だからこそ、たくさんの生徒さんが集まるのだナと納得。素

材料が揃わない時などのアドバイスも受けられて、実践にそのまま役立つような指導をしてくれるのがうれしい

敵は伝染すると信じ、これからもスケジュールが許す限り教室に出たいと思っています。

先日、撮影も兼ねて教室にお邪魔したところ、ちょうど1年生の授業中。13年前を懐かしく思い出してしまいました。私が初めて出席した時のテーマは「エスニックテーブル・Ⅰ」。普段、自分が何気なく口にする食材、料理が、アイデアひとつで随分と違ったものに変化することに感激したのを覚えています。

シューマイの皮を揚げてサラダのトッピングにしたり、杏仁豆腐を固める寒天をゼラチンにかえたり、キンモクセイのお酒をゼリーにして混ぜてみたり――。バリバリ、ザクザク、プルルン、ツルルン、こんな擬音語がポンポンと脳裏を飛び交うおいしい料理が、ちょっとした工夫から生まれるのですから！

器にしても、古伊万里、シンプルな洋食器を上手に組み合わせながら〝品の良い中華風〟を演出。応用の利く器選びが大切であることを感じると同時に「お金をかければ、〝おもてなし〟ではないんだ！」。〝おもてなし〟という言葉の堅苦しい響きからも解き放たれた一日だったのです。

こんな風に、〝料理デビュー〟は遅く、〝おもてなし教室〟に通っていながらも、人をもてなすほどの時間的、精神的余裕はない私ではありますが、結局13年もの間、ダラダラと作り続けています。元来、気が短いものですから、編み物、裁縫に比べれば、短時間で終わる料理との相性が良かったのでしょう。そんな相手との出会いを与えてくれたすべての人に感謝するとともに、これからも料理と仲良くつき合っていきたいと思う今日この頃です。

〝おもてなし教室〟のファイルには、たくさんのステキなアイデアが詰まっていて、見返すたびに新しい発見があります

PART*4

美も健康も快食から
ごはんの友

やせたいと日頃から願っている身に
白飯の誘惑は、あ〜、辛い。
それなのに、それなのに、
白飯のすすむ「クセモノ」作りに
熱がこもります。

食べ過ぎにご用心！

〝ごはんですよ〟確か、そういった呼びかけの入った海苔の佃煮のCFがありました。そう、世の中には海苔の佃煮に限らずあるのですよ、ごはんを呼んでしまう、つまり白飯がすすむ「クセモノ」が。

前に書きましたが、白飯には執着があるほうではないのです。でも、そんな私をごはんがすすむ、いや、それを味わいたいが為にごはんを食べてしまう人に変える――。コレって「クセモノ」いや「食わせモノ」と言うべきか⁉

そもそも、ごはんだって食べ過ぎれば太ると思うのです。いや、正しくは「食べ過ぎが続くと太る」んですね。このように書くとごはんが悪者になってしまうので、弁明させていただきます。話題の低インシュリンダイエット、断食ダイエット等を試した結果、私が感じたことは、「体重の増減は、摂取カロリーと、消費カロリーのバランスによって起きる」でした。

つまり炭水化物、脂肪のとり過ぎは、カロリーの過剰摂取につながり、太る原因に。さらに細かく言うと、食べる時間帯も関係あるんですね。寝しなに食べても、そんなにカロリー消費はできません。とにかく、カロリー過多にならないバランスの良い食生活を心掛けることが大切だと思います。健康でいるためにも、そして、太り過ぎないためにも。一応、こんなところにも気を使っているのですよ、女優のハシクレとしては。

さて、私にとっての、これさえあれば、ごはんを何杯でも食べられる（いえ、食べられそうな）〝ごはんの友〟は？　真っ先に浮かぶのは「海苔」でしょうか。「海苔の佃煮」ではない、ただの「海苔」です。「味つけ海苔」でなくても、おしょうゆをつけなくてもＯＫ。「焼き海苔」を、ちょいとあぶり直せばさらに香り高く、おいしくいただけます。

それにしても海苔って高いですねぇ。実家にいた頃は、父宛に届く、お中元、お歳暮の海苔に囲まれていたので、買うモノとは思っていなかったアタシ。ひとり暮らしを始め「缶入り・小袋分け」の海苔の値段に目を剥《む》き、以来、大判海苔をハサミでチョキチョキと切り、保存しています。

そう、切ってある安い海苔より、高い海苔を自分で切るほうがお得。何てやりくり上手なの、私って♡。と思いつつ、納豆を巻いたり、スープに入れたり、バンバン消費するものだから、かえって高くついているかもしれません……。

余談ですが、海苔に対して包むごはんの量がとにかく少ないのが、私流。前述の大判海苔を大袋に入れ、ロケ先でバリバリといただいています。そうそう、気のせいかもしれないけれど、海苔は髪の毛にも良いみたい。白髪家系に生まれた私ですが、意識的に海苔をせっせと食べているせいか、白髪が少ないような気がするのです。

ちなみに、海苔をはじめとした〝海藻〟が苦手な外国人って多いようですね。欧米では長いこと海藻を「雑草」呼ばわりしていたのだそう。最近でこそ「海の野菜」として、サラダなどで生食するようになったものの、ロンドンの回転寿司店で、表面がカピカピに乾燥しきったわかめサラダが、いつまでも回り続けているのを私は目撃したことがあります(つまり誰も手を出そうとしなかったんです!! 寿司は大人気だというのに……)。

さらにもうひとつ。ロンドン留学中、バーレーン出身の女の子の家で〝日本食の夕べ〟なる会を催しました。そこで、私達〝ヤマトナデシコ〟はTypical Japanese Food(典型的日本食)である、riceball(おにぎり)をお出ししたのです。

が、海苔に口をつけない子の多いこと！　白飯の部分は食べても海苔のトコロをそっくりそのまま残してしまうんです。あぁ、もったいない……。

異国の地で郷愁ソソる香り高き海苔も外国人にとっては「不気味な黒い食べモン」でしかなかったよう。実際、外国で〝巻き寿司〟を見ると、海苔の部分がごまに代替されていることも多いのです。うーん、これぞ〝誤魔化……〟。やめとこ。いずれにせよ、外国のヒトってやっぱり海藻が、苦手なのかしらねぇ？

このように私にとって海苔は一番の〝ごはんの友〟ですが、友を超えた「パートナー」としてみそ汁を挙げる人は多いと思います。

「ごはんにみそ汁があれば……」。このセリフを何百回聞いたことでしょう！　産地、麹原料、発酵時間などの違いにより、豊富なバリエーションを持つみそは、毎日、いえ、朝に昼に夜に繰り返される食生活を飽きさせることがないだけに多くの人の支持を得るのでしょう。

私自身、信州みそ、麦みそ、白みそ、と、数種類のみそを気分で使い分けています。そして、この本でもみそを使った料理をいくつか紹介しています。どれも〝ごはんの友〟にぴったり！　手前みそではありますが――。

みそネタ

納豆にさつまいもの甘煮につるむらさきのお浸しにごはん。
そして、お湯を入れ3分蒸らせばでき上がる
「みそネタ」で作ったみそ汁——至福のひと時です。

ラップなどで1食分ずつ小分けにして冷凍庫に保存しておくと便利

材料

かつお節粉30g　赤みそ150g　食べる煮干し30g　みりん大さじ1

作り方

❶かつお節粉、みそ、みりんを全体がよく混ざるように混ぜる。❷①に煮干しを混ぜ、ハサミで直接煮干しを好みの大きさに切る。❸ポリ袋に移し冷凍庫へ。

※いただく時は、器に大さじ1½のみそネタを入れ、乾燥わかめや輪切りのねぎなどの具を加え、熱湯を注ぎ、必ず皿などで蓋をして3分蒸らす。

無駄なく利用「ごはんの友」

食中毒が気になる季節です。私の場合、未開封とはいえ、賞味期限を2日過ぎたヨーグルトを食してしまって、ちょっとドキドキしたことがあります。

ところで賞味期限と一緒に書かれている「開封後はお早めにお召し上がりください」というのは、どの程度「お早めに」なのか？　悩ましい問題です。なんせひとり暮らしに加え、留守にすることが多い仕事柄、例えば佃煮、漬物といった「ごはんの友」のたぐいはなかなか減ってはくれません。なんとなく冷蔵庫のドア裏の棚に置かれ、開封したことすら忘れられがちな瓶詰達。ご多分に漏れず、これらも「開封後はお早めに」なのです。

「搾菜《ザーサイ》」「福神漬け」なら塩気も強いし日持ちしそうに見えますが、気になるのは「メンマ」「なめたけ」あたりです。「酸っぱくないならOK?」と思っても、口にする勇気はなく、いっそカビでも生えてくれたほうがあきらめがつくのに――と、いった具合。食べ物を無駄にするのが嫌いな性格上、捨てる時にも一抹の後ろめたさに襲われます。

そんなに悩むなら、とにかく食べよう、消費しようと考えたのが〝なめたけ煮〟です。「ごはんの友」だけに主張の強い味つけの「なめたけ」ですが、裏を返せば味つけする手間が省けるというもの。酒、しいたけの戻し汁のようなうま味を加えれば味がまろやかになり、それなりになってくれるから頼もしい限りです。あとは小分けにして冷凍するだけ。必要な時に解凍して、お豆腐にかけるあん、オムレツのソースにするのも良いと思います。

　工夫を重ねて立派な逸品に仕立てたのだから、いままでさんざん生ごみと化した「なめたけ」も成仏してくれることでしょう。えっ、誰ですか「冷凍した〝なめたけ煮〟の賞味期限はどれくらい？」なんて言っている人は。

なめたけ煮

ちょっぴり辛くて酸っぱくて。体に効きそうなアジアンテイストがうれしい。半熟目玉焼きをのせてぐじゃっと豪快に混ぜて食べればおいしさもひとしお。

1 鍋にごま油、赤とうがらし、せん切りにした長ねぎ、しいたけの軸を刻んだものを入れて炒める

2 1の鍋になめたけ、きのこ、干ししいたけ、酒、干ししいたけの戻し汁を入れて煮る

材　料　4人分

なめたけ味つけ瓶詰約200g　きのこ数種類(しめじ、えのき、まいたけなど)計100g　長ねぎ12cm　干ししいたけ2枚(戻しておく)　ごま油大さじ½　赤とうがらし1本　酒大さじ1　干ししいたけの戻し汁大さじ3　酢大さじ½　生食可能な卵(半熟で食べるため)4個

作り方

❶鍋にごま油、種を取りみじん切りにした赤とうがらし、3cm長さに切り太めのせん切りにした長ねぎ、しいたけの軸を細かく刻んだものを入れて炒める。❷なめたけ、適当な大きさ(なめたけと同じくらいかやや大きめに)に切ったきのこ、せん切りにした干ししいたけ、酒、干ししいたけの戻し汁を入れて煮る。❸火を止め、酢を回しかける。❹半熟の目玉焼きを作る。❺器にご飯を盛り、③と④をのせる。

私の「喜び」カンタン料理

三十路を迎え、いつも日々の暮らしで精いっぱいで昔を振り返ることなどほとんどない私ですが、デビュー当時の映像に赤面したり、涙したりと、珍しくセンチメンタルな気分に浸ってしまいました。

「女優に年は関係ない」なんて、お世辞とはいえ、皆さん言ってくださいますし、私自身、貫禄がないとでも申しましょうか、幼く見られがちだっただけに、年齢をことさら意識する機会はありませんでした。

が、30代の壁を目前にして、悔しいけれど意識してしまいました。ただ、この「意識」とは、「年を取る」ではなく、「20代に何をしてきたのか」を確認する「意識」だったようです。

手元に一冊の「3年連用日記」があります。

「仕事始めの日」から始まったこの日記を読み返すと、新しい環境への戸惑い、演技の悩みをはじめ、筆跡、筆圧からもその時々の感情が甦ってきます。そして、その中に「どうしたいのか」「どうなりたいのか」と自分を見つめるもうひとりの自分がいるのです。

「20歳の自分」に教えられるというのもおかしな言い方かもしれませんが、30歳になった今、「目標」を持つことは自分を鍛え、豊かにしてくれるのだと思わずにはいられません。

30代に何をやりたいのか。もちろん、ドラマやバラエティの仕事も好きですが、プライベートでは、もう少し台所に立つ時間を増やそうと思います。

オフの日は無性に新しいレシピを作りたくなります。時には深夜まで没頭してしまうことだって少なくありません。辛い？　いいえいいえ、簡単でおいしいレシピができるとうれしくて仕方ないのです。

誕生日に父がこんな言葉をくれました。

「悩みは人に聞かれることにより半減し、喜びは人に聞かれることにより倍加する」

ふふふ、おわかりいただけましたか？　これから半年にわたり、私の「喜び」のカンタン料理をご紹介します。そして……。半年間、楽しく連載を続けることを30代最初の目標としましょうか。

マグロフレークそぼろ

特売コーナーなどで気軽に手に入る缶詰が、ちょっと手間を加えるだけでおしゃれに変身！

ごはんにのせると3色そぼろの一役にもなる実力派です。

1 箸4本で手早くかき混ぜながら水分をとばし、そぼろ状にする

2 ねぎを3〜4cm長さに切り、開いてせん切りの要領で白髪ねぎを作る

3 白髪ねぎは、水にさらしてからペーパーなどでよく水気を取る

材　料

A[マグロフレーク味つけ缶詰160g　しょうが(皮をむいてみじん切り) 20g　酒大さじ1]　ごま大さじ1　きゅうり・しそ・長ねぎ・サラダ菜・ごはん各適量

作　り　方

❶鍋にAを入れて火にかけ、箸を4本使って水分をとばしながらそぼろ状にし、ごまを入れて混ぜる。❷きゅうりとしそをせん切りに、長ねぎを白髪ねぎにする。❸サラダ菜にごはん、①と②をのせる。

イライラにはカルシウムが一番！

ピピピ……。大阪へ向かう支度を慌ただしく整えていた土曜日の朝、携帯電話の呼び出し音が鳴り始めました。そう早くはないとはいえ、世間的には休日のこの時間帯にかけてくるのはマネージャーさん以外に考えられません。ところが、着信表示欄に出ていたのは、この連載の担当者の名前でした。「こんな朝からどうしたのかしら？」本当に人の脳というのは働きモノ。疑問とともに脳裏をよぎった一抹の不安は瞬時に分解され、頭の中を疾走し始めました。脳みそに口が付いているかのように、浮かんだ言葉がそのまま出てしまい、私こそ「どうしちゃったの？」という感じ。とにかく、頭と口、とっさに取り出した掲載予定表をなぞる指をフル稼働させるしかありません。やがて私の指はピタリと止まり、ある日付を指し示しました。不安的中、原稿の締め切り日は昨日だったのです。

「忙しいでしょう？」「大変だねぇ」。皆さんがいたわりの言葉をかけてくださいます。〝言霊〟の仕業と言うべきか、確かに自分は「特に多忙なのだ」と思い込んでいました。

でも、4月から学生となり、芸能界から少し距離を置くようになった今、その思い込みは覆されつつあります。学費をねん出するため明け方まで働いている人、2時間もラッシュにもまれて通学する人、百人百様の〝大変〟を抱えているのです。担当者だって育児と仕事を両立させています。それなのに、忙しさにかまけて締め切り日を確認しなかった私……。

なんだか申し訳なくて彼女に会わせる顔がありません。原稿が来なくてイライラしていたんだろうなぁ。担当者さん、そんな時にはカルシウムが効果的です。「ピーナッツじゃこペースト」でイライラを鎮めてください。えっ、反省の色が見えないですって!? ごめんなさーい！

ピーナッツじゃこペースト

パンにペースト。それだけではバランスがかたよることがあります。ひと手間かけてじゃこを混ぜるだけでぐんとヘルシーなおかずが実現。

カリッと焼いたフランスパンに合います。これに冷えたワインがあれば申し分なし

材　料

ピーナッツバター（粒入りの甘くないタイプ）80ｇ　はちみつ80ｇ　じゃこ25ｇ　サラダ油大さじ½　ごま大さじ1　酢小さじ2

作り方

❶じゃこをサラダ油でカリッとするまで炒める。❷ピーナッツバター、はちみつ、ごま、酢を混ぜ、冷ましたじゃこを加える。

食材、調理法も「対話」の時代

暮れもいよいよ押し詰まり、余すところ10日となりました。1年がたつのは本当に早いものです。……なんて悠長に構えていて良いのでしょうか？　20世紀が終わってしまうのですよ、皆さん!!　……とはいっても、私自身なんら変わることなく日々淡々と働いているのが現状です。

でも、町の風景は明らかに変わっています。クリスマスの準備が整い、夜になればツリーが美しい輝きを見せます。いわゆる〝クリスマス商戦〟の火蓋が切って落とされ、不景気といわれながらも、プレゼントを選ぶ人たちの顔は幸せに満ちています。クリスマスにも仕事が入るであろう私としては、なんとなく「オモシロクない」ので、明日のお弁当の材料を仕入れるべくデパートの〝地下食〟に逃げ込みました。が、やはりここも〝戦場〟と化していました。

あらゆる洋菓子店には趣向をこらしたクリスマス・ケーキの予約受け付けを告知するポスターが貼られ、お菓子がギュッと詰まった〝サンタの長靴〟も健在です。今や流行遅れになってしまったであろうバタークリームたっぷりのケーキを囲んで祝った幼き頃のクリスマス（ご多分に漏れず、我が家はクリスチャンではなかったのですが）を思い出しつつ、〝デパ地下〟のスーパーへ向かいました。

改めて見渡すと、和洋中の食材の豊かさに気づかされます。さといもによく似た「セレベス」、絵本に出てきそうな黄色く小振りでかわいい「プッチーニカボチャ」。次から次へと新しい食材がデビューしています。これらが品種改良により日本で生まれたのか、船旅、空の旅を経て「来日」したのかはわかりませんが、いずれにしても「20世紀の力」で店頭に並ぶようになったことは間違いないでしょう。

「20世紀は人類が多くのことを達成した反面、戦争で多くの人が犠牲になった最も過酷な時代。これからは、寛容で、他者へ開かれ、互いの存在を尊重しあい対話していくことが不可欠だ」

旧ソ連・ゴルバチョフ元大統領の言葉です。

そうなのよ、これからは人間のみならず、食材、調理法にだって対話が必要なのよ、と、国境・宗教を超えてクリスマスを祝える平和な時代に感謝しつつ「和洋折衷・エシャレットみそ」をひとり台所で練り続ける私でした。

皆様、素晴らしい21世紀をお迎えくださいませ――。

エシャレットみそ

ごはんにみそ。最高に相性のいい組み合わせです。もちろんお酒のおつまみにも美味。ごまを少しふりかけると、香ばしさが増します。

お酒のほのかな香りが手伝って、ごはんがすすみます。食べ過ぎないよう要注意かな

材料

エシャレット6本　赤みそ50g　グラニュー糖大さじ1　みりん大さじ1　酒大さじ1　ごま適宜

作り方

❶エシャレットはみじん切りにする。❷鍋にエシャレット、みりん、みそ、砂糖、酒を入れ、火にかける。❸沸騰したら、ごまを加え混ぜる。少しねっとりするまで水分をとばす。❹1日ほどねかせると、より味がなじんでおいしくなる。

我が家は〝料理の実験室〟

ヨーグルトを食べないことには、私の一日は始まりません。どんなに朝が早くても、ロケ先で和朝食が給されようとも、人里離れた所に宿泊していても、どこかしらから買い求め、食します。冷たいヨーグルトが起きぬけの胃にしみわたると体中の細胞がジワジワ目を覚ますような気がするのです。

私が小学生の頃は、ヨーグルトは高級品だったと思います。今のようにヨーグルトの効能が認知されていませんでしたから、牛乳ほどの日常性は持っていませんでした。

小学校の給食で緑色の透明フィルムに覆われた紙蓋の瓶ヨーグルトを食べてはいたものの、母が本格派（？）無糖ヨーグルトを買って来た時は、その酸っぱさ、おいしさに驚いたものです。

国産品なのに、何故か舶来品の雰囲気を醸し出し、東欧の地・ブルガリアを夢見させるそれは、時々我が家の冷蔵庫にお目見えしました。「毎日食べたい！」。とはいえ、子供心にも「格の高い物」と感じていたのか、しょっちゅうヨーグルトをねだるのははばかられました。

ところがある日、どこでどう知識を得たのか、1歳上の姉がおもむろに冷蔵庫から牛乳とレモンを取り出し、「ヨーグルトもどき」を作ってみせたのです。それは牛乳にレモン汁を加え分離させただけでしたが、さらには牛乳に少量のヨーグルトを足し、低温発酵させ「ビフィズス菌」の増殖を試みたりと、我が家の台所は、時に料理の「実験室」と化したのでした。

相変わらず理科は苦手科目のままでしたが、「ヨーグルトもどき」を見た時の驚き、あの妙な酸っぱさは忘れることができません。そしてどうやらこの時に、「物質の変性」つまり「食材の変性」の面白さに目覚めたようです。

先日、新たな「実験」を行うべく牛乳を手に取りました。「食べる牛乳」に仕立てるという試みです。牛乳と酢で、あっという間に「チーズもどき」の出来上がり！しかもそれをしょうゆやポン酢といった和風のタレでいただくことにしました。味の実験も、というわけで。

遊び心というスパイスが加わるとキッチンに立つのも楽しくなります。キッチンという「実験室」で、時には子供にかえってみませんか？

和風チーズもどき

牛乳、大変身！ 何故かほんのり甘くて
カッテージチーズのような風味と食感が楽しめます。
しょうゆやポン酢のタレで和風に決めてもよし。

1 牛乳を鍋に入れて火にかけ、沸騰したら酢を加え、混ぜる

2 分離してきたら、さらしを敷いたザルに移す

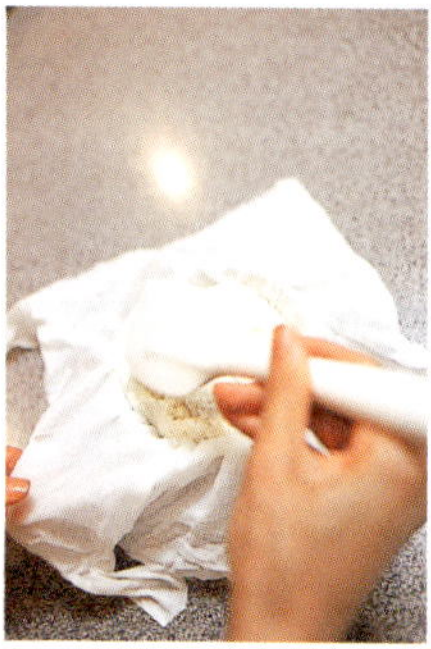

3 ヘラで軽く押しながら水気をよくきる

作り方

❶牛乳を鍋に入れて火にかけ、沸騰したら酢を加え、混ぜる。❷分離してきたら、さらし（よく洗ったハンカチでもいい）を敷いたザルにあけて、水気をきる。❸②を適当な器にさらしごと移し、形を整え、粗熱をとってから冷やす。❹さらしをはずして、好みの薬味、タレを添える。

材料　2～3人分

牛乳1ℓ　酢大さじ2½　薬味（あさつき、削り節、ごまなど）適宜　タレ（しょうゆ、ポン酢など）適宜

女優業の味方!? 食物繊維

ドラマ収録の為、ハワイに行って来ました。9泊に及ぶ長期ロケ、やはり心配なのは「食事」。そして……こんなことを言うと私が10年にわたり築いてきたイメージが音をたてて崩れるかもしれませんが、勇気を出して口にしましょう、「お通じ」(!!)です。ああ、お料理エッセイなのに、ごめんなさい……。

ある時、何かの雑誌に書かれていたひと言に私の目は釘づけになりました。「便秘は体の中に生ごみをためるようなものです」――なるほど、生ごみを放置しておくと……? 腐って不快なにおいを放つ→腐敗臭、ガスが体中に広がる→自分の体が「ごみ置き場」になっちゃう!?

以来、「お通じ」にウルサイ女になってしまった私。実際「お通じ」のタイミングを外すと、肩は凝るし、下腹部はポッコリ出るし、ロクなことはありません。心身共に気持ちよく働く為にも、「便秘」は私の最大の「敵」なのです。

本来、食物繊維を多く含む食事を規則正しい時間にとり、睡眠たっぷりのリズムある生活、適度に運動していれば「便秘知らず」の体でいられるのでしょうが、ドラマの収録に入ると、そうはいきません。常軌を逸する不規則なスケジュール、野菜不足のロケ弁当、慢性の睡眠不足が続きます。

また、女優業には確かに「体力」は必要ですが、この場合「精神的体力」という意味も含まれるので、肉体的にはそれほど酷使しているとも思えず、運動不足です。これらの悪条件に加え、ハワイロケには時差が生じますから、まさに「危うし、お通じ！」です。

そんな私の強い味方は「トラベル・クッカー」です。ヒーター、お鍋、どんぶりが、コンパクトに収納できて自動電圧切り替え式なので、「いつでも、どこの国でも」コンセントに差し込めば、ごはんだって炊けてしまう便利もの。このクッカーがあれば、「お通じ」にも百人力！ 今回ご紹介する「切り干し大根のさっぱり煮」のような、食物繊維たっぷりのお料理も、ラクラク作れちゃいます。ハワイでは、これも繊維たっぷりの素材、寒天を、スープに溶かし込むという、新しい試みにもチャレンジしてみました。結果は——。これ以上は、私からは申し上げられません。ただ、ドラマの収録は、「スッキリ」快調に行われた、とだけ申し添えておきましょう。

切り干し大根の箸休め

三つ葉、レモン、ごま。
いずれも香りの豊かさではひけをとりません。
のどごしも爽やかで箸休めに最適。

水で戻した切り干し大根は手でぎゅっと水気をよく絞ると歯ざわりよく仕上がります

材　料　4人分

切り干し大根40ｇ　三つ葉1袋　ごま大さじ1　しょうゆ大さじ2　酒大さじ1½　レモン汁と皮各1個分

作　り　方

❶切り干し大根は水に5分くらい浸けて戻し、ぎゅっと水気をよく絞ったら適当な長さに切る。❷三つ葉は2.5cmくらいに切る。❸鍋に、しょうゆ、酒、レモン汁を入れ、煮立ったら①、②を加え30秒ほど、いり煮する。火を止めたらごまを加え混ぜる。❹冷やして、レモンの皮を細く切ったものをあしらう。

店で教わる意外なレシピ

外食の愉しみ――。おいしい食事にありつけるのはもちろん、私にとっては新しい食材、そして新しいレシピとの出合いの場でもあります。だからこそ、メニュー選びを人任せにするなんてもったいない！　私は必ずメニュー表に目を通します。

そして、他店にはない独創性に富んだモノ、定番品でもひとひねりしていそうなモノ、意外な食材の組み合わせ――五感を未知の世界に導いてくれそうな一品を探します。

優柔不断というのか、欲張りというのか、迷う時も多々あります。そんな時は店員さんに聞いてしまいます。

「あなたがおいしいと思う料理は何ですか？」

「良い店」と評される店は、店員さんもイキイキと働いているように感じます。こんな質問に即答してくれる人がいるお店なら、厨房にも期待が持てそう。店員さんを信頼して「おすすめ」をオーダーします。

ここで紹介する「モッツァレラチーズのみそ漬け」はこんな風に出合ったひと皿でした。

和洋折衷のメニューだけに、ワインにも日本酒にも合うのです。と〜っても簡単そうなのに、いままでに出合ったことのないおいしさです。とにかく、絶対に家でも再現できるハズ……。と、図々しくも作り方を教えていただいたのです。

ところが、「麦みそで」と言われたのにもかかわらず、たまたまその時はきらしていたものだから、残っていた米みそで作ってしまったケチな私。

そんなこんなでお店のモノとは似て非なる味になってしまいました。お店でいただくことを考えれば、ずっと安上がりなのにねぇ……。

みそとチーズの種類とか、漬け込み時間などによって、ずいぶん味わいが変わるようです。

試行錯誤のうえ、私がおすすめする組み合わせは、やはり「麦みそ」と「イタリア産のモッツァレラチーズ」。

5分もあれば仕込み完了、あとは冷蔵庫にお任せ！　是非お試しくださいませ。

モッツァレラチーズのみそ漬け

ふんわり、しっとりの食感がチーズのイメージを塗り替えてしまいそう。いままで出会ったことのない未知なる味への挑戦のひとつです。

チーズを漬けるのに使ったみそも一緒に盛りつけていただきます

材　料　4人分

モッツァレラチーズ1袋
麦みそ70g

作　り　方

❶モッツァレラチーズを半分に切る。❷ポリ袋に麦みそを入れ、さらに①を入れて袋の外からみそがチーズをだいたい覆うようにする。そのまましばらく常温におく。❸チーズから水が出てきたら、それを利用しながらみそをチーズ全体に平均的になるように覆う。そのまま半日冷蔵庫に入れる。❹みそを取ってチーズをスライスする。

Extra

「パンがすすむ」異国の味

先日、オレンジで有名なスペインはバレンシアへ行って来ました。「マドリードでもなく、バルセロナでもなく、何故バレンシア？」。そう思う向きもありましょうが、私の友人がスペイン人と結婚して住んでいるのです。スペイン在住わずか2年半、今やスペイン語を自在に操り、街の人と楽しそうに交わる彼女を見るにつけ、「愛の力」を感じずにはいられません。

そのだんな様・ダニエルですが、毎日、午後2時には必ずお昼ごはんを食べに帰宅します。

愛する妻と片時も離れたくない？　それだけではないのです。この「昼食の為に家に戻る」という生活習慣、スペインの他の大都市では通勤時間の関係で戻れない人も多いそうですが、バレンシアでは当たり前のことだそうです。

本当は「シエスタ」、つまり昼寝もしたいところですが、ライフスタイルが変わりつつある今、そんなに長い昼休みはとれません。それでも、とにかく昼食は家族と共にいただく。時間が不規則な私から見たら、夢のような生活です。でも、

3食用意するなんて大変そう。私には、スペインで主婦は務まりそうにありませんね……。

バレンシアを発つ前夜、ダニエル一家が食事に招いてくれました。言葉は通じなくても、もてなしの一品一品から温かな人柄が伝わってきます。感謝の気持ちで胸もおなかもいっぱいでした。スペインの代表的な料理が食卓に並び、どれもとてもおいしい。中でも忘れられないのが「干しダラのペースト」です。パンに塗っていただくと、ついごはんならぬ〝パンがすすむ〟、クセになるおいしさです。

今回紹介するレシピは、このペーストを私なりにアレンジしたものです。干しダラよりも手に入りやすい生ダラで作ってみました。甘塩のタラをゆでて塩抜きして使うと、水っぽくなるので、塩気のない真ダラをいり上げるほうが良い仕上がりになるようです。

異国の地へ嫁いだ友を、心のどこかで案じていました。でも陽気で素敵な家族の愛情に包まれて、本当に幸せそう。私までうれしくなり、何故か涙が出そうになってしまいました。スペイン風タラのペーストには、こんな想いもギュッと詰まっているのです。

タラのペースト

じゃがいもを一緒に混ぜ込んでいるから、ボリュームたっぷり。食べごたえあるペーストです。にんにくを効かすとよりスペイン風に。

1 鍋に真ダラ、酒を入れ、木ベラで身を潰しながら水分をとばしつつ、焦がさないようにいる

2 1ににんにくを加え、ゆでて皮をむいたじゃがいもを混ぜ、すりこぎで叩くようにして潰す

材　料　4～5人分

真ダラ(皮、骨を除き)約200g　じゃがいも中1個約150g　生卵1個　ゆで卵1個　酒(あれば白ワイン)大さじ1　塩小さじ½　エキストラバージンオリーブオイル大さじ4　にんにく½片　こしょう適宜

作り方

❶鍋に真ダラ、酒を入れ、木ベラで身を潰しながらいり、充分に水分をとばし、鍋にこびりつく前に火からおろす。鍋底にこびりついた分は火を止めてからオリーブオイルを入れ、こそげ落としておく。❷すり鉢に①とみじん切りにしたにんにくを入れてする。❸ゆでて皮をむいたじゃがいもを②に入れ、すりこぎで叩くようにして潰す。❹③の粗熱がとれたら、卵黄1個分、卵白大さじ1、塩、残りのオリーブオイルを加え、木ベラでなめらかになるまで混ぜる。❺みじん切りにしたゆで卵を④に加え、混ぜ、こしょうをふる。トーストしたフランスパンやクラッカーを添える。

PART*5

美肌力をつける
廉価でキレイ

食からの恵み！「美肌力」

「何か特別なことしているの？」

肌の状態の良さを褒めていただいた際、必ずといっていいくらいそんな質問を受けます。〝特別〟つまり、エステを指すらしいのですが、私はエステに行く習慣はほとんどありません。そう、〝日常生活における優先項目としてエステの順位が低い〟のです。20代半ば、好奇心に駆られ通ったこともありました。確かに人からフェイシャルマッサージをしてもらうのは本当に気持ち良いものです。ただ、忙殺の中では、「エステよりも、24時間営業している指圧マッサージ」「1時間指圧マッサージを受けている時間があるなら、明日のお弁当の仕度」、という具合に、エステのプライオリティがぐぐっと下がっていくのです。

思うに〝肌〟にも遺伝子が関係しているのではないかしら。姿かたちが親に似るように。実際、87歳になる祖母は、シミ、シワが少ないし、母も「海辺遊びが多かったせい」でできたというシミを除いては、張りのある、キメの細かい肌をしています。祖母いわく、「何でもいい」と、食べることをおろそかにするようなことはしなかったとのこと。祖母、母が、バランスのとれた食生活を送ることで、私が〝元気肌〟の持ち主になれたのかもしれません。

実は、こんなことを書いている今も、キッチンで〝鶏スープ〟をコトコト炊いています。鶏ガラからとったスープには肌に良いコラーゲンがいっぱい。加齢とともに失われていく〝美肌力〟に活力を与えてあげるのです。エステに行くことから比べたら、〝鶏ガラ代〟などお安いモン。なんだか、とってもお得でうれしい気持ちに満たされて、細胞ちゃんがピチピチと元気になってくれそうです。

三十路を越えた女が3人も集まれば美容話に花が咲き、「女優以上に女優」なエステ体験、口コミ情報を持つ友人に刺激を受けたりもしますが、当面は今のままでいこうと思います。韓国に旅したならば〝韓国エステ〟、ロケ先のホテルで時間があり余ったならば〝ご当地エステ〟、そう、〝気まぐれエステ〟でもよいんです。キレイになるゾ、という気持ちさえ忘れなければ――。

ひとり暮らしを豊かにしてくれる器

ひとり暮らしを始めたのは25歳の秋でした。やたらと若く見られることが多く、「親から自立すれば、少しはオトナに見られるだろう」と考えたのです。「ひとり暮らし」を宣言したムスメに対して父親がひと言。

「家賃がもったいない」

仰るとおりでございます。仕事をするには何の支障もない我が家の立地。家賃なんて、人の代わりにローンを払うようなもの、家賃を払い続けたところで、その部屋が自分のもんになるわけじゃなし、そんなお金があるならば貯金でもしなしゃんせ、なにせ浮草稼業に身をやつしているのだから——。

でもねぇ、オトーサン。お金に代えられない、素晴らしい成長が〝ひとり暮らし〟から生まれるかもしれませんョ。

と、念願のひとり暮らしが始まりました。ひと通りの家財道具が揃ったところで、次は自分の為の食空間作りです。実家にいた頃は母が見立てたり、引き出物としていただいた器に囲まれていました。でも、自分ひとりの食卓は、自分好みの器で飾れるのです。食器といえば母にくっついてデパートの食器売り場に行くことしか知らなかった私、陶磁器専門店の暖簾《のれん》をくぐるなんて、ちょっとオトナな感じ。さっそく雑誌の記事をチェックして何軒か足を運びました。

中でも常連になるほど気に入ってしまったのが、青山にある「大文字」。手入れの楽な磁器が種類豊富に揃っていて、量産品にない温かみがあったり、遊び心

飽きがこなくて買い足しが可能。廉価。普段使いを考えた器が、種類多く揃っています

グルメピックの時にお世話になった器のお店「大文字」。フードコーディネイターやスタイリストなど、感度の高い人達の姿が絶えない

色、形、デザイン。好みを聞いて相談にのってくれるところがうれしい
(問)☎03・3406・7381

を感じさせたり。しかも単品で気軽に買えるんです。一番のお目当てはやや大振りのそば猪口。多目的に使えるので、覗くたびに少しずつ手に入れてます。そば用にはもちろん、お茶を入れたり、酢の物を盛ったり、そうそう、プリンとだって相性がいいんです！

「ひとり暮らしなら、5客を一度に揃えることもないですよ」

大らかなご主人は誰かれかまわずにこやかに迎えてくれます。そんなお人柄に魅せられ、以来、器を購入する際は必ず指示を仰ぎます。使い手のことも熟知していらして、アドバイスしてもらえるのもうれしい限り。そして長く使えそうな器をこれからも増やしていきたいと思っています。

ひとり暮らししたことで、素晴らしい成長が生まれたか？　うーむ、プライベートな面では疑問ですが、自活してから〝仕事運〟は、どんどん上がったような気がしました。忙しさに拍車がかかり、気がつけば、母、姉による「お掃除隊」の皆様が家をピカピカにしてくれていたり——。あぁ、コレって自立してない？　なんの成長もしていないってことかしら⁉

気がついたら、結構、そば猪口が集まっていました。何にでも応用できて便利。磁器だからとにかく多目的に使えて丈夫。フル稼働させています

名づけて「個食トレイ」。ひとりでもテーブルセッティングされた雰囲気を醸し出すことができて気分も豊かに

心に栄養タイム?「ひとりごはん」

ひとりでごはん食べるのは寂しい――。

そんな悲しいこと言わないでください! ひとりに見えても、決してひとりでないのですから。まず、食卓に何品並んでいますか? そして、何種類の食材が使われているか数えてみてください。

そういえば、朝は何を食べた? ソレって何品目あった? そのおみそ汁に乾燥わかめをパラッとふり入れたら、グッと栄養価が上がるんじゃない? と、自分と対話しながら食べていると、〝寂しい〟と感じる暇がなかったりするのです。

こんなことから、私は〝ひとりごはん〟は苦になりません。スタジオでドラマを収録している時は、自分の作ったお弁当とともに控え室に引きこもってしまいます。

人と接する時間も長く、自分ではない、役の中にいることが多い職業柄でしょうか、何者にも邪魔されず、自分の心、体調と向き合ってあげることが私には必要なようです。

外出先で〝ひとりごはん〟をする時は、中学生の頃から愛用しているお弁当箱、いただき物の曲げワッパ、もしくは具だくさんのスープを入れる広口魔法瓶が活躍します。自宅での〝ひとりごはん〟は〝個食トレイ〟にのせていただくのが私流。子供達が中学生になって、クラブ活動・塾などによる生活サイクルの違いから、家族揃っての食事が成り立たなくなった頃に母が考えたスタイルです。

お盆の上にのった1人分の器に各自、おかず、お汁、ごはんをよそい、食べ終わったら、そのまま流しへ持っていく、つまり、「ランチョンマット兼お盆」の上で食事をします。これなら主婦の手をいちいちわずらわせることもありません。

このお盆選びには、母なりのこだわりがありました。長方形であること、1人分の食事が充分にのる大きさ、そして器が滑り落ちないように縁が少し高くなっている、漆塗り風の、ちょっと高級感のあるもの。そんな条件を満たし、かつ、値段的に納得のいく個食トレイは意外と見つからず、買い替えの時など、まめにデパートの食器売り場を母は覗いていたものです。

ひとり暮らしを始める時に私が選んだ個食トレイは「たち吉」のもの。表面が少しザラッとしているので、それが滑り止めともなり縁はなくとも安心。ツヤのない風合いも粋で、とにかく丈夫です。

実は清水先生の教室の1年生の10月の授業「秋のテーブル」で折敷《おしき》として使われていたものでもあります。

「本塗りに比べて傷がつきにくいから重宝しているの」

そう言った先生の言葉がずっと気になっていました。さっそく問い合わせたところ、すでに生産中止というではありませんか。でも、神は存在するものなのです！　先生の知人に「たち吉」にお勤めの方がいらしたご縁で、同じ折敷を作っていただけることになりました。

こんな経緯もあり、私の〝ひとりごはん〟とは切っても切れない「たち吉」の個食トレイ。そして、私の〝ひとりごと〟をずっと聞き続けてくれているのもコイツです。こんな〝ひとりごはん〟の友を、あなたも見つけてみませんか？

指先と感受性

お料理と切り離せないのが水です。洗い物ならゴム手袋をはめてすませる時はあります。でも、素材だけは素手で触らずにはいられない、青菜をゆでた後も〝加減〟を指で確かめないと納得がいかないのです。

こんなことをしていると当然のように指先、手はカサカサになります。乾燥肌である私は人一倍ハンドクリームをマメに塗らないと人前には出せない手になってしまうのです。人前に出るのが本業である手前、それではイカン、と頻繁にポーチからクリームを取り出し指先にも念入りにすり込みます。そんな私の姿を見て「リスみたい」と笑うヒトもいました。ひまわりの種をもてあそぶリスのような動きをしていたのでしょう。

寝苦しい夏以外、毎晩といっていいほど、手袋をして寝ます。ハンドクリーム、ネイルオイルをたっぷり塗った後、手袋をはめて「お休みなさい」。翌朝には何とか人並みの潤いある手に復活しているのです。

どうしてこんなに気を使うのでしょう。

いつのことだったでしょうか、とあるバイオリニストの方が言っていました。

「指先はいつも潤っていないと」

バイオリンの4弦を操る魔術師である彼は、弦にフィットするなめらかな指先を通じ、弦と語らい、時にはパワーを吹き込んでいるのかもしれません。感受性とは指先からも養われる――。以来、ハンドクリームの使用量がグンと増えた私です。

PART*6

美肌を守れ！ ヘルシーおやつ

お菓子を作っていると
気持ちがワクワクしてきます。
「おやつの話になるととたんに
うれしそうになるよね」
友達も幸せそうです。

甘い香り、芳ばしい香り。「幸せの瞬間」

「おやつですよ〜」

フリル付きのエプロンを身につけたママがにっこりと微笑み、手にしたトレイの上にはママのお手製クッキー、おうちのコーヒーミルで挽いてドリップした香り高いコーヒーに、たっぷりミルクとお砂糖を加えて――。

なんてのは、〝少年少女世界文学〟の中のお話。典型的サラリーマン家庭である我が家は「おせん&日本茶」が、おやつの定番でした。しかも、母が買ってきた大袋に入ったものを姉と弟、そして私の3人で「分かち合う」、そして、量は母によって制限されている――。端から見ると美しい兄弟愛、そして、厳格な家庭に見えるでしょうが、欲張り者の私はいつも「私の、私による（私が選んだ）私の為の（ほかの人には食べさせない）お菓子」に憧れていました。

そんなムスメのささやかな願いが叶う日が年に数回ありました。例えば〝遠足〟〝社会科見学〟。「500円以内」という先生のお達しをいただくや否や、合法的に母からせしめた札を握りしめ（当時500円玉は存在しなかった……）、駅前のスーパーに駆け込む私。

と、ここで母の名誉の為にもひと言申し添えておきましょう。3人の子育てで忙しかったとはいえ、それなりに〝手作りのおやつ〟も出していたのですョ。例えば、サンドウィッチを作った際の切り落とした耳を揚げて砂糖をまぶした〝かりんとう〟。アンケートなどで聞く〝懐かしのおやつ〟の中にも、挙げられる頻度が高い一品ですね。

そして忘れちゃいけない。母は月に1回、お菓子作りを習いに行っていた時期がありました。冷蔵庫にある〝有塩マーガリン（当時はマーガリンが流行っていたのだと思う）〟で作る、ほんのり塩気の効いた焼きたてのパウンドケーキのおいしかったこと！ そこに「フリルのエプロンを身につけたママ」は存在しなかったけれど、明らかに「ワクワクのおやつタイム」ではあったのです。

おやつ、つまり間食はなくても生きていけます。でも、しょうゆ味のお前餅の芳ばしい香り、〝かりんとう〟の軽い食感、パウンドケーキの焼ける匂いが紡ぐ思い出が、私の人生に彩りを添えてくれていることも事実。ということで、水野の、水野による、あなたの為の〝ワクワクおやつ物語〟のはじまり、はじまり――！

旅の疲れも忘れそう

先月、料理番組の収録の為に、ベトナムに行きました。自由時間はないに等しい海外ロケとはいえ、一日に何軒ものレストランをはしごできるなんて夢のよう。体脂肪率増加は覚悟のうえで、いざ機上の人となったのでした。

代表的なベトナム料理といえば「生春巻き」でしょう。たっぷりのハーブ、ニラ、エビ、豚といった具をライスペーパーで巻き、ニョクマム（ベトナムの魚醤《ぎょしょう》）をベースにしたタレでいただきます。ひと口かぶりつくや否やタレの芳香が鼻を抜け、ふた口、3口噛むごとに皮のモチッとした歯ごたえ、野菜のシャリシャリ感、エビのうま味、ハーブの香り、そしてタレの絶妙な甘塩《あまから》加減、最後に辛味が〝主張〟し始めるのです。きっちりと美しく皮に収められたはずの具がせきを切ったようにはじけ、渾然一体となり、やがて残るのはニョクマムのかすかな余韻――。その賑々《にぎにぎ》しい味わいは本当にクセになります。

撮影で伺ったレストランはどこも小ぎれいで、料理の盛りつけひとつとっても洗練されていました。

でも、盛りつけとは対照的な生春巻きの力強さはとても印象的で、なおかつ日本で食べるそれとは何かが違うような気もしました。もしかしたら、長い戦乱の時を経て明日に向かって生きるベトナムの人々のパワーが、料理にも表れているのかもしれません。

ベトナムで甘いものといえば――、なんと、「おしるこ」があるのです。小豆ではなくハルサメの原料の「緑豆」から作られます。

皮を除くので緑色ではなく乳白色のお餅も何も入れない「ベトナムしるこ」。なんとなく懐かしい味で、「同じアジアの国だなぁ」とホッとする「癒し系」デザートといえるでしょう。

さて、今回は極めて「日本的」な癒し系（!?）おやつです。それは白玉を使ったおやつです。北国美人の肌を想わせる白玉のもっちり感が、私は大好き。いくらでも入ってしまいそう！　旅で増やした体脂肪は、旅の疲れを癒してから減らすことにします――。

長いも白玉・みそごまあん

長いもに白玉にみそとお気に入り3種が勢揃い。ごまの風味豊かなあんをからませていただきます。甘いのが好みならば、みその量を加減してください。

1 白玉粉を長いもをすりおろしたもので練る。水小さじ6を小さじ1ずつ分けて加える

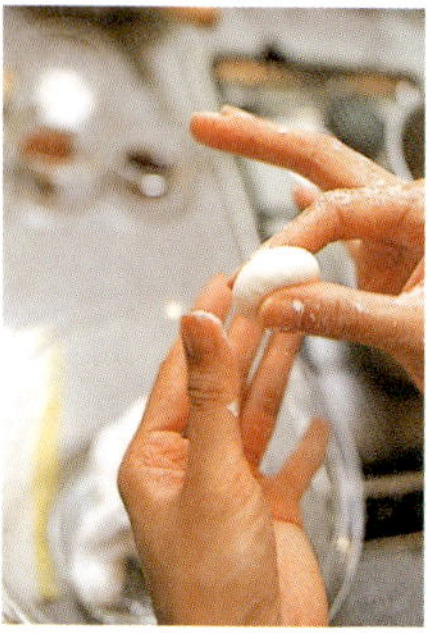

2 耳たぶくらいの硬さになったら、団子に作り、中央をへこませる

材　料　4人分

白玉粉150ｇ　長いも150ｇ　砂糖30ｇ　みそ（あれば麦みそ）20ｇ　しょうゆ小さじ1　すりごま10ｇ　かたくり粉10ｇ

作　り　方

❶白玉粉を長いもをすりおろしたもので練る。水小さじ6を小さじ1ずつ分けて加え、耳たぶぐらいの硬さにして団子にし、中央をへこませる。
❷鍋に水100cc、砂糖、みそ、しょうゆ、ごま、かたくり粉を入れて加熱し、かき混ぜながらとろみをつけてあんを作る。
❸鍋に湯を沸かし、白玉を入れ、浮いてきたら30秒ほど待って取り出し、水にさらす。
❹③に②のあんをかける。

クリームの表情豊か

初めての製菓の実習の日のこと。ケーキのクリームに使うパレットナイフに絞り袋、絞り口を身に従え、実習室に向かいました。そこで渡されたものは真っ黒い下敷き。

「……？」

やがて先生が現れて絞り袋、口金の扱い、注意点をレクチャーし、バタークリームの絞り方を実演してくださいました。

「……！」

そう、下敷きはクリームの練習板だったのです。黒いプラスチックの上で、ある時はぽってりと花のように、ある時は優美な流線形にと、白いクリームは次々と姿を変えていきます。

〝八変化〟を遂げた頃には立派な美術品。黒と白のコントラストも美しく、額に入れ、飾ってもおかしくないくらいです。

それにしてもひとつの口金の角度、動きひとつで、こんなにもクリームの表情が出せるなんて！　お菓子作りには、まだまだ「未知の世界」がありそうです。

おっと、もうひとつ「未体験ゾーン」がありました。

皆さん、洋菓子職人は、どうやって〝絞り〟の練習をするのかご存知ですか？　話によると、ショートニングを使うのだそうです。この白い固形状の食用加工油脂に粉砂糖を加えたものを、実際に私達の実習でも使いました。

「百聞はひと絞りに如《し》かず」

思っていた以上にクリームのキレは良いし、繰り返し使っても、生クリームのように分離しないから練習には最適です。1年後、額に入れるほどの〝芸術品〟が生まれるか否かは、このクリームにかかっています。

今回の実習では、「プーダン・オー・マロン」つまり栗の蒸し菓子も作りました。意外なことにせいろを使ってのフランス菓子、馥郁《ふくいく》たるブランデーの香りが忘れられないおいしさでした。

6人がかりで取り組んだのですが、こちらの「コーン蒸しパン」ならひとりで簡単にできます。おやつ感覚で気軽に作ってみてくださいね。

コーン蒸しパン

缶詰の汁ももったいないから捨てずに使います。効果は絶大！　コーンの風味を思う存分満喫できます。子供の頃を思い出すような懐かしの味。

1 ホットケーキミックスを加える時はふるいにかけながら

2 マフィン型に紙を敷いて、パン生地を流し入れる

3 蒸気が均一にまわるよう蓋を布巾で包む

材　料　8個分

ホールコーンの缶詰230g（コーン145g・缶汁85g）　卵(L)2個　無塩バター40g　牛乳大さじ1　ホットケーキミックス200g

作　り　方

❶ボウルに卵を入れて泡立て器でほぐし、溶かしたバター、牛乳を加えてよく混ぜる。❷コーンの缶汁を①に加え、ホットケーキミックスをふるいにかけてから入れる。泡立て器で混ぜる。❸②にコーンを加える。❹マフィン型（またはプリン型）に紙を敷いて（またはバターを塗る）③を流し入れ、蓋を布巾で包んだ蒸し器に入れ、強火で20分蒸す。

偶然の産物「神様の滋味」

「こんな配合で作るとどうなるか？」

お菓子のレシピ作りは、まずは、そんな実験感覚から始まるのですが、オーブンに入れたモノの形状が、想像を大きく裏切り、無残に崩れていく悲しさといったら――。でも、途中でオーブンを開けて捨てるなんてことはしません。最後まで見届けます。だって、焼き上がったら、アタラシイお菓子が生まれているかもしれないんですもの。

今回ご紹介する「黒ごまバー」は、そういった偶然の産物です。最初は、余った卵白を利用して、ふっくらとしたパウンドケーキのようなものを作る予定でした。しかし、材料を混ぜている時点で不吉な予感が――。ケーキの生地にしては粘りが強いし、クッキーの生地にするには柔らかい。なんとも中途半端なネタになってしまったのです。

とりあえず、型に流して焼いてみたものの、案の定、膨らみが悪く、パウンドケーキによくある表面の亀裂も入りません。でも、いざ1切れ食してみると、確かに予想していたものとは違ってはいましたが、黒ごまの滋味あふれる、なかなかの味です。お抹茶に合いそうな「和風ケーキ」といったところでしょうか?

「……」でも、何かが足りない。私の創作欲、遊び心が満たされないのです! そこでハタとひらめきました。

「これを薄く切って、乾燥焼きさせたらどうだろう」

以前、作ったイタリア銘菓「ビスコッティ」は、こんな風に二度焼きしたはず。結果、同じ生地でありながら、まったく食感の異なるお菓子ができました。カリッとした歯ごたえ、ホットミルクに浸してもおいしそうです。

新しいレシピ作りは〝産みの苦しみ〟の連続です。ひとつのレシピにつき、最低、3回は試作を行います。これがドラマ、バラエティ番組の収録と、慌ただしい日々の中での作業になるわけですから、「やーめた」と、投げ出したくなる時もあります。だからこそ、こんな風に、お菓子作りにおいての「不屈の精神」「創意工夫」が報われると、「あぁ、『お菓子の神様』は私を見捨てなかった。また頑張ろう」という気になるのです。

「神様」があなたのキッチンにも現れますように……。

黒ごまバー

パウンドケーキならぬバーのお菓子です。カリッとした食感でホットミルクに浸してもおいしそう。髪にいいといわれている黒ごまをたっぷりいただきます。

1 パウンド型の内側にオーブンシートを敷き詰める

2 タネを入れる時、空気が入らないようにしてゴムベラで平らにならす

3 焼き上がったら型からはずし、7㎜幅に切る

材　料　18㎝パウンド型1個分

卵白（L）1個分　砂糖40ｇ　すり黒ごま40ｇ　小麦粉25ｇ

作　り　方

❶卵白、砂糖、すり黒ごまを泡立て器で混ぜる。❷ゴムベラに替えて、ふるった小麦粉を切るようにして混ぜる。❸18㎝パウンド型の内側にオーブンシートを敷き詰め、②のタネを入れる。この時、空気が入らないように気をつけながら、ゴムベラで平らにならす。❹160℃のオーブンで約20分焼く。❺焼き上がったら型からはずし、7㎜幅に切る。❻切り口が上になるようにして天板に並べ、150℃のオーブンで片面10分ずつ焼く。

発育促す牛乳たっぷり

先月、姉が出産しました。

予定より2週間遅れましたが、元気な女の子が生まれました。両親にとっては初孫、つまり私にとっては〝初姪〟です。寸暇を惜しんでは愛くるしい顔を見に行き、早くも〝叔母ばか〟振りを発揮しています。

姪の誕生はたくさんの驚き、発見、変化をもたらしてくれました。赤ん坊の笑顔がこんなにも人の心を和ませてくれるなんて――。

その笑顔を写真に収めようと、にわかカメラマンと化しています。何よりも、赤ちゃんが姉の胸に吸いついて母乳を飲む姿には、感動しました。わき目も振らずに飲み続ける姪の「生命力」に。そして、大きくなっている姉の「胸」に。

それは、「胸」というより、まさに「乳房《ちぶさ》」でした。この「房」っぽさからは程遠く、〝貧乳度〟を私と競っていた姉の胸に、劇的な変化が訪れていたのです。

出産後は胸が大きくなると聞いてはいたものの、うわさにたがわぬその大きさ、優に「Cカップ」はありそう。「何をCカップごときで……」と笑われそうですが、〝貧乳コンプレックス〟の私にしてみたら、ちょっとした事件だったのです。

食生活の変化からでしょうか、近頃の女の子は手足も長く、胸も豊かで、うらやましい限り。メディアでの「大きな胸」の表現も、「Fカップ」から「巨乳」、そして最近では「爆乳」なんて。

どうしたら胸が大きくなるのか、何人かの「巨乳」の持ち主にお伺いしたところ、共通点がひとつ。それは成長期に「たくさんの牛乳を飲んでいたこと」です(真偽の程は自信ありませんが……)。日頃の乳製品の積み重ねが大切なポイントのようです……。

「うちは晩熟型なのよ。そのうち大きくなるわよ」

そんな母の言葉を頼りに、胸の発育を待ち続けたものの、「そのうち」が来ることはついにありませんでした。「巨乳」はただ待っていても来てはくれません。自ら努力し、勝ち取るべきものだったのです。

パッドなしで、堂々と水着を着られるようになる為にも、あなたがお誕生を過ぎた頃、「叔母さんの味」、牛乳たっぷりの「簡単はちみつプリン」を教えてあげるとしましょうか。いつか感謝する日が来まちゅよ!?

はちみつプリン

誰？　おいしそうな茶碗蒸しだなんて言ってるのは？
蒸し焼きしたあとは器のままいただきます。
カラメル抜きでも充分おいしいですよ。

はちみつがまろやかな甘さと優しい風味を作り出してくれます

材　料　そば猪口約4個分

卵（L）2個　はちみつ40ｇ
牛乳500cc

作り方

❶ボウルに卵を入れて溶く。❷牛乳とはちみつを鍋で温め完全に溶かす。❸②が人肌の温かさになったら、①に注ぎ、混ぜる。❹③をこす。❺④を4等分にして陶製の器に入れ、熱湯を張った天板に置いて、160℃で約25分間蒸し焼きにする。

（注）子供にはちみつを与える場合は、1歳を過ぎてからにしてください。

Congratulation

誰か止めて！　三十路の女優

「30歳を過ぎたら女優は誰にも止められないんだよ」と、あるヘアメイクさんがある時私に言いました。つまり、「女優」は30歳を越えると、名声、発言力を得て、周囲の人間の忠告、助言といったアドバイスに耳を貸さなくなる。我が道を「行く」ならまだしも、やがて突っ走り、ついには「誰にも止められない」状態になる――という意味なのです。ドラマ、雑誌、ＣＦの撮影現場で数多くの女優さんに接してきた彼女ならではの、含蓄のある名言といえるでしょう。

もちろん「そういう女優さんもいる」というたとえです。でも冷静に考えてみると「耳を貸す」前に、「アドバイスできない雰囲気」を作ってしまう女優さんはいるかも。女優さん、というよりまわりのスタッフが作ってしまうという見方もできますが――。アレ、これって女優に限らず、どの世界にもあることかもしれませんね。

かく言う私も三十路を越え、これといった名声はなくとも「止めてもらえない」ひとりになってしまったようです。と、いうのも最近「注意される」機会がめっきり少なくなってきたのです。

子供の頃は親に、学生の時は先生、バレー部のコーチに、そして仕事を始めてからは監督に、怒られたり、注意されていたというのに、今や、落ち込んでいる若い女優さんを励まそうと「怒られて、恥をかいて成長するんだから、大丈夫」……どこかで聞いたせりふ。私が諸先輩から、さんざんいただいた励ましの言葉ではありませんか！　これが「オトナになる」というコトなのでしょうか？　「注意されなくなるのは成長する機会を失うみたいで損？」とか「怒られるのはイヤよね」やら、雑念が頭の中を飛び交います。まだまだ修行が足りなさそう。「本当のオトナ」になるにはもう少し時間がかかりそうです。

そこで忙しい「オトナ」にも手軽に作れるお菓子、「かちわりあめ」をご紹介します。材料さえ量れば3分でできます。

こんな身近な材料で、こんなに簡単なお菓子を、こんな忙しさの中で生み出すなんて、アタシってエライわぁ。ああっ、自画自賛が止まらないっ！　誰か止めて……っ⁉

かちわりあめ

きな粉とごまをふんだんに使った懐かしの味。ダイエット中でも甘いモノが欲しい時などにおすすめ。めん棒で大きく叩き割ってから手で割ればラクです。

1 グラニュー糖、水を加熱し、きな粉、ごまを入れ、木ベラで手早く練る

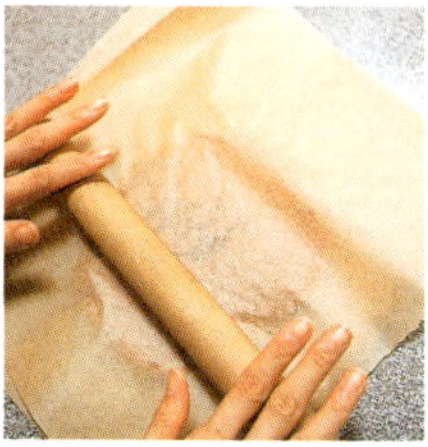

2 オーブンシートの上からめん棒でのばす

3 冷えて固まったらめん棒などを使って、適当な大きさに割る

材　料

グラニュー糖100g　きな粉30g　白すりごま30g　水大さじ2

作 り 方

❶グラニュー糖、水を鍋に入れ、べっこう色になるまで加熱する。❷きな粉とごまを合わせ、①に入れ、木ベラで手早く練る。❸温かいうちにオーブンシートの上に②を流し、さらにオーブンシートをのせ、すぐにめん棒でのばす。❹冷えて固まったらめん棒などを使って、適当な大きさに割る。※べたつかないよう、保管の際は乾燥剤を入れてください。

大胆不敵？ レンコンの和菓子

このレシピは、イタリアの食文化の紹介者であるパンツェッタ・ジローラモさんと対談するにあたり考えたものです。この対談、テーマが「夏を乗り切る」だっただけに滋養に満ちた食材を使いたいナと考えていました。そんな時、パッと浮かんだのが〞レンコン〟です。以前、いただき物の笹に包まれた涼しげな和菓子にレンコンが使われていたのです。野菜を使ったお菓子なら、いかにも体に良さそう、と、早速レシピ作成に取りかかりました。

レンコン特有のアクを和らげる為に黒砂糖を加えたり、より風味豊かにするべく、きな粉をまぶしたり——。外国人であるジローラモ氏が「創作和菓子」のジャンルに入るであろう〞レンコン餅〟をどう受け止めてくださるのかという一抹の不安はあったものの、テーマに添ったうえでのレシピ作りはナカナカ面白い経験でした。

対談当日、撮影現場となったジローラモ氏の料理教室と撮影スタジオを兼ねたキッチンで、氏は鮮やかな手つきで、イタリアはカラブリア地方の味つけによるピリ辛の豚肉料理、そして、フレッシュトマト、バジリコの色合いも鮮やかなアーモンドあえパスタを作ってくださいました。日本ではハウス栽培などにより、季節感を失いつつある野菜の扱われ方も、お国柄により随分と違うよう。イタリアでは季節によって出ている物がまったく変わり、市場でいつも同じ野菜が並ぶことはないのだそうです。だからこそ、暑い夏には旬のトマト、バジリコを山ほど使った料理をいただく――。実際、栄養価にしても旬の時季が一番高いというデータが出ているようですし、さすが、〝スローフード運動〟発生の地イタリアだけあって、理に叶った食生活だなァ、と感心してしまいました。

ん、〝レンコン餅〟への反応はどうかって？　幸い、氏の和菓子への抵抗感はなく、食感に対しての、お褒めの言葉もいただきました。ただ、私的に反省点がひとつ。レンコンの旬って実は晩秋から冬にかけてなのです。旬にこだわるとするならば、ちょぃと問題アリ……？　やれやれ、「先が見通せる」としてお節料理に欠かせない縁起物のレンコンではありますが、水野の料理人生の一寸先は闇ですなァ!?　でもどの季節に作っても食物繊維にミネラル、栄養たっぷりの、この「創作和菓子」、皆様も是非お試しあれ！

レンコン餅

大好きな白玉の登場。今回はレンコンに黒砂糖とコンビを組ませて、柔らかいあめのような、ツヤのある餅のような、ひと口和菓子に仕立てました。

ガシガシッとレンコンをすりおろします。これが肌にも体にもいいんですよね

作　り　方

❶レンコンを軽く水にさらしアクを抜いた後、水から上げ、すりおろす。❷鍋に白玉粉を入れ①で練る。耳たぶくらいの硬さになりダマがなくなったら、水、黒砂糖の順に加え、練るように手で細かいかたまりを潰すようにしながらよく混ぜる。❸②を中火にかけ木ベラでよく練る。❹だんだんツヤが出てくる。全体が餅のような状態になって30秒ほどしたら、きな粉をまぶしながらスケッパーで好みの大きさに切る。

材　料　4～6人分

白玉粉50ｇ　皮をむいたレンコン60ｇ　粉末黒砂糖70ｇ　水50cc　きな粉20～30ｇ

あわや、お蔵入り!!

皆様〝お蔵入り〟という言葉をご存知ですか?「蔵」を辞書で引けば〝歌舞伎などで興行の不成立をいう隠語〟と解説してあります。そう、そのとおり。ドラマ、映画においてもあるのですョ、「撮影したのに放映されない」なんてコトが!

幸い、13年にわたる私の仕事人生の中では、そのようなアクシデントが発生することはありませんでした。ただ、「あわや!」「もしや!」は数回ありました。2年以上前に収録したドラマが未だに放送されなかったりするとジワジワ暗雲が垂れこめてくるのですョ。一般的には「3年」がお蔵入りの目安とされてるようです。放送日が決まらない理由はさまざま。まず、枠に対しての「ストック」、つまり放映待ち作品が多過ぎる。作品の中に何らかの理由でブラウン管にのせるには「不適切」な役者さんが出演している。うーん、書きヅラいが、自殺されたり、ケイサツにご厄介になったり、というケースです、この場合。

そういえば、ご一緒した俳優さんから「タイアップ先のホテルが放送前に潰れた」なんて話も聞きました。〝タイアップ〟、つまり〝提携、協力〟。ホテル側も「良い宣伝になる」と思えば、我々撮影陣に対して、いろいろと便宜をはかってくださるのです。例えば「宿泊費、食費をディスカウント」とかね。ホテルのCFを使って放送する際に流れる金額を考えたら、その程度はまさに「お安いご用！」らしいです、聞いたトコロによると。ところが、いつまでも放送されないとあっては――。この件に関して、これ以上、深く突き詰めるのは止めておきます、わたくし、プロデューサーではないので⁉

　時の流れとともにどんどんヘアメイク、衣装も古臭くなり、「いっそ、このまま――」と良からぬコトを考えてしまったりもするのですが、やっぱり放送されることを願わずにはいられません。だって、人生の一部分の時間を、そして、その時の自分なりの一生懸命を、そのドラマの為に捧げたのですから。それは、ドラマ作りに携わる人々、もちろん、そのホテルの人達にしても同じだと思うのです。

　この「長いも寒」も実は、そんな「お蔵入り」になりかけた一品です。「キッチンあ・ら・かると」の掲載の都合上、撮影したにもかかわらず、日の目を見ることがなかった「長いも寒」――。このお菓子の為に捧げた水野の一生懸命を感じていただければ幸いです！

長いも寒

長いもの透き通るような白に、くこの実の赤が鮮やかに映えて、見た目にもおしゃれ。季節を問わず歓迎されます。

1 長いもをスライサーで切りながら鍋の中に落とす

2 固まる途中で浮いてくる具を底に箸で沈める

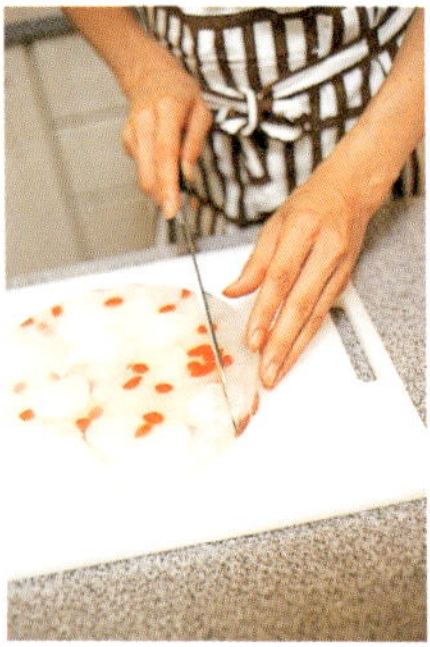

3 四角やケーキ型など、好みの形に切り分ける

材　料　18cm丸型１個分

長いも100ｇ　粉寒天4ｇ（1袋）　水400cc　砂糖70ｇ　くこの実大さじ1（お湯に約5分浸けておく）

作り方

❶鍋に水、砂糖、粉寒天を入れ、火にかけ、木ベラで混ぜ続ける。❷沸騰したら弱火にし、長いも（皮をむく）をスライサーで薄く切りながら鍋の中に落とす。❸くこの実を加える。❹水に濡らした型に流し、長いもが浮くようなら箸で沈めるようにして、常温で固まるまで放置する。

果物は一番の「ガソリン」

この連載で、「女優業は肉体的には体力をそれほど酷使しているとも思えない」といったことをお伝えしましたが、早々に撤回させていただきます。というのも、その原稿を書いた直後、私は連続ドラマの収録に入ったのですが、そこでの体力の使い方が生半可なものではなかったからです。今回のドラマにおける私の役どころはなんと「愛人」。不倫という禁断の愛に揺れる微妙な女心を、監督がこまやかに切り取っていきます。そうすると必然的にカット割りも細かくなり、つまりは撮影に時間がかかるということになるのです。

ドラマ収録に付き物の慢性睡眠不足にはすっかり慣れたものの、今回のスケジュールはなかなか手ごわく、とうとう完徹、「完全徹夜」の朝を迎えることになりました。第一話のクライマックス、男女が運命的な再会を果たすシーン。脚本で13頁分、映像にして106カットを撮影した時のことです。当初の予定表によれば、終了時間は26時（午前2時）でした。……が、翌朝の午前5時10分、明るくなり始めた空に阻まれ、結局そのシーンの撮影は貫徹できず、約30カットを撮りこぼし、中断されたのでした。この間、幾度、上まぶたと下まぶたが「キス」しそうになったことか――。眠りそうになる体中の細胞を叩き起こすべく、柔軟体操、ツボ押しを繰り返す自分に「女優は体力勝負」と言い聞かせたのでした。

こんな撮影の日は、朝、昼、夜、深夜、と4回お弁当が出されます。でも、ドラマ収録期間中の私の定番朝食はヨーグルト250g、青汁の粉、きな粉、黒すりごまを混ぜた「みどり粉」(モスグリーンのような粉の色合いと、体に良いこの3つの粉を教えてくださった、うつみ宮土理さんの名前をかけて命名)と、果物です。今なら旬のナシ、イチジク、ブドウ……。ジューシーな果物は私にとっては一番のガソリン。良い一日のスタートが切れそうな気がするのです。

ここ15年でトロピカルフルーツの需要、輸入が増え、果物選びの楽しさがさらに増えました。新鮮な果物が手に入りやすくなり、昔さんざんお世話になった「缶パイナップル」は今や、生パイナップルに押され気味。時代の流れとともに「存在価値」も変わっていくのですね。……あれ、これって「女優業」にも通ずるところがありそう!?　でも私は「缶パイナップル」も受け入れる人間でありたいと思います。

パイナップル・フローズンヨーグルト

ヨーグルトとフルーツの缶詰だけでカンタンにできる
誰でも失敗なし！の冷たいデザート。
これならヨーグルト嫌いもついつい手が出てしまうかも。

1 ヨーグルトはヘラでかき混ぜながら水きりする

2 鍋にパイナップルと缶汁を入れ、木ベラで潰しながら煮詰める

3 好みの形、大きさの製氷皿に入れ、冷凍庫で冷やし固める。凍るまでの間、フォークでかき混ぜると口当たりなめらかになる

材料

缶詰のパイナップル小1缶分（大缶なら4枚）　缶汁80cc　ヨーグルト250ccと別に上からかけるための分適量　レモン汁½個分

作り方

❶ザルにさらしを敷き、ヨーグルトを入れ、時々ヘラでかき混ぜながら約30分水きりをする。❷鍋にパイナップルと缶汁を入れ、木ベラで潰しながら15分ほど煮詰め、冷ます。冷めたらレモン汁を加える。❸①、②を混ぜ、製氷皿に入れ冷凍庫で冷やし固める。固まったら器に盛り、ヨーグルトをかける。

「魔法の粉」に会話もはずむ

役者の仕事は「不定休」です。土、日、祝日は平日では借りることのできないオフィス・ビルでの撮影、と思えば平日の昼間にポッカリとスケジュールが空いてしまうこともあります。「ゆっくり買い物ができていいじゃない」とうらやましがられたりもしますが、日曜日の家族連れやカップルで賑わう街の空気、私は大好きなのです。何故なら、そこにいる人々の放つ、幸せ、楽しい、うれしいといった良いエネルギーを含んだ空気をたくさん吸うことにより、私自身がプラスのエネルギーで満たされ、前向きな気持ちになれるからです。

子供の頃、日曜日の朝といえば、父がホットケーキを焼くのが我が家の習わしでした。典型的な企業戦士で、料理をする時間など、まずなかった父ですが、ホットケーキにだけは一家言あるようで、父に言われるまま私達はホットプレートを出したり、卵を割ったりと「お手伝い」するのでした。父のホットケーキの特徴、それは薄いということです。ホットケーキミックスのパッケージにある出来上がりのイメージ写真と、パンケーキの中間といったところでしょうか。父は指定された量より明らかに多い牛乳を入れていたのです。

父いわく「火の通りが早い」、そして「巻きやすくする為」とのこと。「巻く」というとピンと来ないかもしれませんが、この薄いホットケーキにイチゴジャムを塗り、クルクルッと巻き、手づかみで「パクリ」と豪快にやっつけるのは、ナイフとフォークでいただくのとは、また違ったおいしさです。まさに「おにぎり感覚」。今にして思えば、「子供が食べやすいように」という父の気遣いがあったのかもしれません。

薄く焼いたり、ドーナッツ、蒸しパンにしてみたりと、ホットケーキミックスは工夫次第でいろいろ楽しめる「魔法の粉」です。今回のレシピ、材料の組み合わせを見て「？」と思われるかもしれません。玉ねぎの多さにびっくりするかもしれません。でも、焼いてみると、粉の甘味、ツナ缶の塩味が玉ねぎのうま味で中和され、絶妙な味わいが生まれるのです。

「工夫あるところに会話あり」。大きく焼くのも、小さく焼くのもよし、レタス、せん切りきゅうりを巻いてマヨネーズをつけるのもよし。今度の週末は大切な人と、このパンケーキ作りでお楽しみください。

玉ねぎパンケーキ

「甘味」と「塩味」のステキな出合い!!
玉ねぎはまるで仲人さんのように味をつなぎます。
甘党・辛党、両方に喜ばれるおやつの誕生。

1 玉ねぎはスライサーを使って薄く切り入れる

2 フライパンにタネを入れ、丸く焼く。大きさは好みに合わせて

材　料

卵2個　ツナの缶詰(ノンオイルタイプ)小1缶　玉ねぎ大½個　牛乳ツナ缶1杯分　ホットケーキミックス100g

作 り 方

❶卵、ツナ缶、牛乳を泡立て器で混ぜる。❷スライサーで薄く切った玉ねぎを加える。❸ホットケーキミックスをふるい入れる。❹60℃のホットプレート、もしくはフライパンで玉ねぎを広げるようなつもりで焼く。

tea

〃お牛サマ〃の贈り物!?

21世紀が始まりました。今世紀、最初の「キッチン あ・ら・かると」。水野真紀ともども、どうぞよろしくお願いします。

さて、仕事始めの1月4日、私は朝5時に起床、早速2泊3日のロケへと旅立ちました。私達ロケ隊の向かった先は〃牛舎〃。そう、『愛犬ロシナンテの災難』という連続ドラマの収録の為です。このドラマ、「大学の獣医学部」が舞台なので、当然動物がたくさん出演するわけです。第三話は「牛がらみ」のストーリー。よって我々は、とある動物公園と牧場の牛舎をお借りすることになったのでした。

牛舎のかぐわしい香りは、正月ボケしていた私を心身共に「仕事」という現実世界に一気に引き戻してくれました。滝のような「お小水」の音色、土砂崩れを思わせるうんち――。いつもの私なら引いてしまいそうな状況ですが、でも「お仕事」です。なんたって、このドラマ、動物サマの表情ひとつが、ドラマの成否を左右すると言っても過言ではありません。そして、「押し、巻き（撮影がタイムスケジュールより遅れてたり、早くなったりする時、こう言ったりするのです）」

も「お牛サマ」のご機嫌ひとつにかかっています。気持ちよく芝居をしていただく為にも、「上手にお乳を搾らなくては」「牛の動きに動揺して、NGを出してはいけない」などなど、いつもとは違う色の「緊張の糸」を張ってしまいました。

神様はこの「女優魂」を見てくださったのでしょう。「搾りたての牛乳」「牧場の手作りアイスクリーム」がロケ中に出されたのです。いつもはヨーグルト派の私ですが、搾りたての牛乳のやわらかな甘さ、コクにすっかり魅了され、何杯もおかわりしてしまいました。こんなにおいしい牛乳を、体を張って提供してくれるお牛サマに感謝!

アイスクリームのおいしさも忘れがたく、家に戻って作ってしまいました。手作りの良さは脂肪分、糖分が控えめにできるところ。クリーミーな中にもシャリッと残るさっぱり感が、自慢の一品です。そして、冷たいアイスクリームにあえて温かいイチゴソースをかけるのもポイント。ひと口ごとにおいしさが変化していきます。真冬に温かい部屋で冷たいアイスクリームをいただくなんて、至高の贅沢、あぁ、もう極寒のロケに出たくなーい!

無添加アイスクリン

手作りのアイスクリーム。贅沢なおやつです。
余計なものを加えなくても、充分まろやか。
無添加の牛乳ならよりクリーミーに。

温かいソースがすっとアイスクリームになじんで、ますますクリーミーに

材　料　3～4人分

卵黄2個分　砂糖50g　牛乳300cc　動物性生クリーム200cc　イチゴ適量　ラム酒、キルシュなど好みの洋酒適宜　レモン汁適宜

作　り　方

❶卵黄に砂糖を加え、白っぽくなるまですり混ぜる。❷牛乳を①に加える。この時、なめらかになるまでダマを残さずよく混ぜる。❸中火にかけ、沸騰するまでよく混ぜる。❹③が冷めたらドロリとする(六分立て)まで泡立てた生クリームと合わせ、浅めの、密閉容器などに移し、冷凍庫へ。途中空気を含ませる為、3回ほどかき混ぜる。❺イチゴ適量を鍋に入れ、木ベラで潰しながら火にかけソースを作る。❻温かいソース(好みで洋酒、レモン汁を少量足す)をアイスクリームにかけていただく。

趣味から本気へ
料理の風に吹かれて

PART*7

犬みたいな女優

26歳の頃、事務所から与えられる仕事を休む間もなく黙々とこなしていました。文句ひとつ言うこともなく。「飼いやすい犬のような女優」だったでしょう。よく人に慣れ、狩猟用、番用、警察用、労役用、愛玩用として広く飼養される犬。人当たりが良く、ドラマ、バラエティ、CFにと幅広く使える水野真紀。でもね、心の中では感じていたのです。

「あぁ、このままでは私はダメになる」

仕事に対しての考え方は人それぞれ違うと思います。ただ、私は「女優である〝水野真紀〟を続けることだけが私の人生」とは思えなかったのです。ドラマ、CFでは架空の人物になり代わり、バラエティにおいても、どこまでが女優〝水野真紀〟で、どこからが〝私〟なのか、自分でもわからなくなる時がありました。

「私って誰?」

とにかく、自分の時間、落ち着いて自分に戻れる空間を作らなくては、と考えた末に辿り着いた結論が〝ロンドン留学〟でした。

趣味のお菓子作りをもう少し深く学びたいという思い、女優である〝水野真紀〟

を知る人のいない異国の地で、文化の異なる人々と生活を共にしたいなど、その他も含めた欲張り者の私の願いが叶う場所はロンドンしかなかったのです。

女優業を辞める覚悟で、３カ月の休暇を事務所に願い出たところ、拍子抜けする返答。「そろそろそういう時期だと思っていました」。とにかく2年後なら可能という約束を取りつけ、ＮＨＫの大河ドラマ『徳川慶喜』を撮り終えた28歳の秋に私はロンドンへ旅立ちました。

ロンドンお菓子留学

ロンドンで私が通った製菓学校は「ル・コルドン・ブルー」、東京の代官山にも姉妹校があります。代官山校の受付の横のサロンはとても美しい設《しつら》えで、ロンドン校も優雅な雰囲気の中での授業になるだろうと期待に胸を膨らませていました。

ところが、です。

実習ごとに点数はつけられるわ、制限時間内にケーキを仕上げなければせかされるわ、嫌みなフランス訛りの先生の英語は聞き取りにくいわ、理想と現実のギャップに大きく戸惑うばかり。でも、立ち止まってはいられません。「修了証書危うし！」と危機を感じた私は急きょ、ル・コルドン・ブルーが発売している日本語のお菓子作りの本、つまりは「虎の巻」を日本から取り寄せたり、ホームステイ先のキッチンをお借りして復習してみたりと、俄然《がぜん》闘い始めたのです。「修了証書を受け取らずして帰国できない。女優が廃《すた》るようなことには決してするまい！」。

あんなにせっつかれた気持ちでお菓子を作ったことはありませんでした。心から楽しんで作業に臨めたのは「ファイナル・テスト」後に行われた授業くらいです。ほかの生徒さんはどうだったか知らないけれど、正直、私はまったく余裕がありませんでした。そんな中で、明確に感じたことがあったのです。

「売るお菓子と家で作るお菓子は違う」

「私が欲しているのは、作るプロセスの楽しさなのね」

プロの技術を間近で見られ、素晴らしい設備に囲まれて実践するル・コルドン・ブルーでの貴重な経験、思い出を胸に１９９９年の新春、３カ月の留学を終え帰国したのでした。

初めての料理連載

帰国後、サンリオから『これは楽しい！　はじめてのお菓子』という子供向けの本を出版させていただいたり、レギュラー出演していた『メレンゲの気持ち』で、お菓子のプロデュースをさせていただいたり、お菓子作りとの素敵な出会いが重なりました。

　そんなある日、読売新聞の方から連載のお話をいただいたのです。なんとお菓子だけではなく料理のレシピを作り、それにからめたエッセイを書くとのこと。料理のレシピを考えて発表するなんて、しかも連載するなんて、そんなこと、私にできるの!?

　でも思えば、主婦と生活社『Ｒａｙ』で初めてお菓子作りの連載を始めた時も、不安な気持ちでいっぱいでした。自信はなかったけれど「必ず自分自身の勉強になる。連載と共に成長できる」と言い聞かせ出帆したのです。幾多の荒波を乗り越え、結果、無事に着港。私にとっての初めてのお菓子作りの本である『水野真紀のカンタンお菓子作りレッスン』の出版、というお土産まで付いたのでした。

　ずぶの素人である私が、発行部数世界一の読売新聞の関東版、しかも夕刊のグルメ欄で隔週連載――。プレッシャーがないわけがありません。でもこれ以上の勉強の場はないように思いました。何とかなる、いえ、何とかする。腹を括《くく》った私はマネージャーに言いました。「やりますっ！」。

内臓まで日本人

ロンドン留学の際、毎週水曜日は「和食の日」でした。山のようにお菓子を作る水曜日、ホームステイ先に持って帰ったところで食べてくれるのはスティールおばさんだけ。なので、当時4組ほどいたロンドン駐在の知人宅を訪ねて回っていたのです。郷に入っては郷に従がえる私ですが、バターと生クリームにまみれた実習のあとの和食のおいしさは格別。「あぁ、私って日本人」としみじみ。

実際、体の調子も良いのです。正しくは〝お通じ〟ですね。内臓のつくりに合わせて食文化ができていくのか、食文化に応じて内臓が進化していくのか、そのあたりのことはよくわかりませんが、とにかく日本食のありがたみ、素晴らしさを改めて感じたロンドン留学でした。

なので、帰国後、私の中には「日本食をキチンと勉強してみたい」という小さな炎が生まれました。料理教室に通ってはいたものの、だしのとり方や包丁の扱いや魚のおろし方といった基本をもっと詳しくプロから学んでみたい――。

仕事が忙しくなればなるほど、その炎はメラメラと大きくなっていきました。どうやら私は〝女優〟という柱だけではバランスがとれないようです。〝お菓子作り〟という細い柱に添え木のような形でもよいから〝料理〟が必要になったのでしょう。事務所の寛大な計らいにより、1年間の調理学校通いが許されたのでした。

さらに幸運にも、入学までの間に、読売新聞の連載をいただいたり、毎日放送『水野真紀の魔法のレストラン』という料理番組が生まれたり、仕事的にも幅が広がって行きました。料理風が吹き始めた――。そんな予感がありました。

料理風に流されて

私が入学した服部栄養専門学校の調理師科は、月曜日から金曜日まで毎日授業がありました。朝は9時から始まり、ホーム・ルーム、掃除を終えるのは夕方の5時近く。さらには、日本・西洋料理の〝特訓コース〟を選択した為に、月・火・金の週の3日間は学校を出るのが夜の9時30分過ぎ、つまり12時間も学校にいる日もありました。でも、それが苦にならないほど、調理実習、講義は楽しく充実していたのです。そんな学園生活にしてくださった先生方、助手さん、そしてクラスの友人には感謝の気持ちでいっぱいです。

夏休み、校外実習として、街のお店で、「8日間、一日につき8時間労働」を無償で行うことになりました。お店の厨房を覗けるなんて滅多にないチャンスです。

日本料理店で働くことも考えたのですが、どうしても気になるケーキ屋さんがありました。「あのお店のおいしさの秘密はどこにあるのかしら?」ちょっとした探偵気分で、その店の扉を叩いたのでした。

その店の名前は「モンサンクレール」。自由が丘にある、ケーキフリークの間では言わずと知れた名店です。私自身もこの店の優しい甘さ、繊細なデコレーションが施されたケーキが大好きでした。先日、お店を訪れたら、実習時にいらした厨房スタッフは5人しか残っていませんでした。朝が早いとはいえ、怒鳴り声ひとつない穏やかな現場ではあるのですが、こんな現実を目の当たりにすると、〝お菓子道〟がいかに険しいものかヒシヒシと感じられます。

オーナー・パティシエである辻口博啓氏は相変わらずのやんちゃっぷり。氏の「夢を実現させる力」には本当に感服です。ロールケーキの店、念願のショコラティエ――。実習時に氏が語っていた「夢」が次々に現実のものになっているのですから。氏の志の高さ、そして、志に対する思いの強さが、いつしか現実へと水先案内してくれているのかもしれません。私も料理風に身を任せるだけでなく、しっかり帆を上げて目的地を探さなくてはいけませんネ。

「モンサンクレール」のケーキを求め、遠方からも多くのお客さまが訪れます。季節ごとの味をアイデアあふれる装いに仕立て目も楽しませてくれます
(問)☎03・3718・5200

辻口氏の指導を受けてパティシエの心意気に触れられました

店頭には朝早くから、トゥール・アルザスやガレット・フレーズなど夢いっぱいのケーキが並びます

あとがき

やっと書き終えることができそうです。単行本化するにあたり、「キッチン ぁ・ら・かると」で連載したエッセイに加え、新たに書き下ろさなくてはいけないと聞いてはいたものの、こ～んなに長い文章を書くとは思ってもみなかったのです。「書けますョ」な～んて調子の良いことを言っておきながら、しっかり締め切りに遅れてしまったことを深くお詫び申し上げます、担当の木造サマ。

今回、料理の撮り直しもいたしました。連載時はレシピ開発者であり料理人である私が、フードコーディネイターも兼業していたうえに、そのアシスタント達の本業が読売新聞の家庭欄担当という、混乱した状況下での撮影でしたので。でも頑張ったんだよね、小坂さん、尾崎さん。

本を出す時は、力を合わせて頑張ったスタッフへの感謝の気持ちで胸がいっぱいになります。そして今回は、「自分史」的要素も少し加味されているものだから、感謝の気持ちを誰に、どう伝えればよいのか、ちょいと戸惑っています。

まず始めに、私に冷たくしてくれたB君、ありがとう。河合塾・千駄ヶ谷校の階段であなたに写真を撮るのを断られなければ、今の「水野真紀」は存在しません。腹いせに〝第2回東宝シンデレラ〟に応募することなどなかったのですから。

ギャッ！　これだけで、かなりの原稿の字数が埋まってしまった。あとはね、事務所の人よ、ありがとう。皆様が、あんなに真っ黒に、私の24時間を塗り潰してくださったからこそ、〝自分の人生〟に目覚めたのだと思います。

ロンドン留学で支えてくださった人達、ありがとう。日本人生徒の良き理解者である恵子さん、ホームステイ先をスティールおばさんの都合で、予定より早く出なくてはならなくて途方に暮れていた私を拾ってくれた堀ご夫妻に感謝！

さらには、今は休刊になっている料理誌『TANTO』の担当、竹下嬢よ、ありがとう。私の限界を超えた数のレシピを要求し、特集ページを組むアナタに教えられました。「徹夜では死なない」。あの時に鍛えられた精神力で、なが～い原稿を書き終えつつあります。

とにかく本当にたくさんの人達に支えられて、こうやって、4冊目の本を上梓することができました。この本に携わったすべてのスタッフに心よりお礼を申し上げます。そして、最後まで読んでくださったアナタ、「ありがとう！」。

＜カバー＞カットソー／ナイツブリッジ・
インターナショナル（オールド・イングランド）
＜9頁・81頁・118頁＞カットソー・パンツ／セントジェームス
代官山本店
＜14頁・45頁＞カットソー／HUMAN WOMAN
エプロン／STUDIO CLIP
＜26頁・29頁・38頁・114頁・166頁＞Tシャツ／ナイツブリッジ・
インターナショナル（オールド・イングランド）
エプロン／STUDIO CLIP
＜42頁・78頁・102頁・105頁＞ポロニット／ナイツブリッジ・
インターナショナル（ハロッズ）
エプロン／アンレクレ広尾
＜50頁・126頁・149頁＞カットソー／ナイツブリッジ・
インターナショナル（オールド・イングランド）
＜65頁・97頁・130頁・137頁・174頁＞Tシャツ／スリードッツ
東京オフィス
エプロン／STUDIO CLIP

カバー&表紙装丁／藤村雅史
本文デザイン／海野光世　斎藤由佳
撮影／長嶺輝明　廣田元良
スタイリスト／＜フードスタイリング＞すずき尋己
＜衣装スタイリング＞松島三季
ヘアメイク／うらたなおみ（SASHU）
SPECIAL THANKS TO　渡辺理佐子　上原穂興

※ このエッセイは読売新聞2000年4月より2001年
9月までの連載をもとに構成・加筆したものです。

正直な作り手の味
浜　美枝
全国1200もの農山漁村を訪ね歩き、筆者自身の舌で味わって選びぬいた珠玉の美味しいもの取り寄せ便。作り手が見えるのがうれしい。
686円

はなのとっておきスウィーツBOOK
は　な
はな流アメリカンスウィーツのレシピを一挙公開！　簡単でヘルシーなお菓子は、見て感激、食べて納得。幸せな気分を運んでくる。
648円

いま「手作り」が気分です！
久島優子
〝グッシー〟の愛称で人気のモデルが、ファッション最前線で得た現代感覚を生かした、オリジナルグッズの手作り。ビーズからバッグまで。
629円

今さらながらの和食修業
阿川佐和子
料理指導／野口日出子
魚のおろし方から天ぷらの揚げ方までアガワの和食挑戦記。読んで楽しい、作って美味しい、エッセイ&レシピ集。
695円

変えられます！
恋する女の強運・凶運
エミール・シェラザード
いい恋したい、ステキな結婚したいという願いを叶えるために、何をすべき？　35の恋愛シーン別に運を味方につける方法に迫る。
590円

愛しの筋腫ちゃん
横森理香
子宮筋腫と向き合い、漢方や気功など、あの手この手でなだめながら6年間。「前より体調良好」の体験を克明に綴ったエッセイ。
552円

所さんにまかせなさい
所ジョージ
読むほどにぐんぐんアタマとココロがやわらかくなる。姑との戦争、子どものひきこもりなどの悩みを所さんがサックリ解決！
552円

あぐり 95年の奇跡
吉行あぐり
90歳になってからやっと親子の関係を取り戻した母・吉行あぐりと、娘・吉行和子。二人の日常と「家族の絆」を綴る書き下ろしエッセイ。
571円

まどわく
桃井かおり
今よりずっと旅することも、書くことも好きだった、あの頃。出逢い、別れ、小さな事件の数々を本音で綴る。待望の文庫化。
552円

おうちでヘルシーイタリアン
ロザンナ
オリーブオイル一滴の差で本場イタリアンの味が作れます！ シンプル・パスタからワインのつまみまで、野菜いっぱいの本格派レシピ。
686円

生きるのがラクになる「新エゴグラム」
福井尚和
臆病な私、ワガママな私、孤独な私。性格分析で本当の「自分らしさ」を知れば、人間関係はもっとラクになる！
552円

浪花のおふくろの味 うまいもん
土井信子
ミンチカツ、ハヤシライス、お好み焼きなど、料理人・土井勝氏を生涯支えてきた夫人が作り出すおふくろの味、浪花のうまいもん。
667円

赤ちゃんのいる食卓
加藤美由紀
子どもをたくましく育てる鍵は「食」にあり。自らの高齢出産と育児体験をもとに綴る、大人と赤ちゃんのためのご馳走メニュー。
695円

2003年完全予言 縁のある人 切れる人
ルネ・ヴァン・ダール・ワタナベ
あなたの2003年はどんな年になる？ 恋愛運、仕事運、金運、健康運、そして人間関係の相性まで、西洋占星術をもとに大予言。
571円

みずの　まき●
1970年3月28日東京生まれ。女優。1987年に第2回東宝シンデレラ・オーディション審査員特別賞受賞。以後ドラマ・舞台・CMで活躍。気取りのないキャラクターゆえ〝息子の嫁にしたい女優〟として注目される。短大時代に清水千代美先生の「おもてなし教室」に通ったのをきっかけに、料理に目覚める。中でもお菓子作りに興味を持ち、1998年にはロンドンの「ル・コルドン・ブルー」に留学。また2001年からは「服部栄養専門学校」で学び、調理師の資格を取得する。著書に『これは楽しい！ はじめてのお菓子』（サンリオ）『水野真紀のカンタンお菓子作り』（主婦の友）『水野真紀お菓子工房へようこそ！』（集英社）などがある。

きょうも女優《じょゆう》ごはん
著者　水野真紀
発行日　2003年3月25日　第1刷発行
　　　　2003年6月20日　第4刷発行

発行者　谷山尚義
発行所　株式会社　集英社
　　　　〒101-8050　東京都千代田区一ツ橋2-5-10
　　　　（編集部）　03(3230)6289
電　話　（販売部）　03(3230)6393
　　　　（制作部）　03(3230)6080

印　刷　凸版印刷株式会社
製　本　凸版印刷株式会社

 ISBN4-08-650022-1
定価はカバーに表示してあります。